¿QUIÉN ES EL ANTICRISTO?

Una respuesta a la pregunta que todos tenemos

MARK HITCHCOCK

PORTAVOZ

La misión de Editorial Portavoz consiste en proporcionar productos de calidad —con integridad y excelencia—, desde una perspectiva bíblica y confiable, que animen a las personas a conocer y servir a Jesucristo.

Título del original: *Who is the Anticrist?* © 2011 por Mark Hitchcock y publicado por Harvest House Publishers, Eugene, Oregon 97402. Traducido con permiso.

Traducción: Daniel Menezo

Las cursivas añadidas en los versículos bíblicos son énfasis del autor.

EDITORIAL PORTAVOZ
P.O. Box 2607
Grand Rapids, Michigan 49501 USA
Visítenos en: www.portavoz.com

ISBN 978-0-8254-1838-9 (rústica)
ISBN 978-0-8254-0367-5 (Kindle)
ISBN 978-0-8254-8508-4 (epub)

1 2 3 4 5 / 17 16 15 14 13

Impreso en los Estados Unidos de América
Printed in the United States of America

Para Jay Risner,
amigo fiel y colaborador en Cristo.

Gracias por tu ejemplo santo y por tu influencia
sobre mis hijos, así como por tu amor
para nuestro Señor y para su Iglesia.

Contenido

"Cuando Satanás tentó a Jesús en el desierto, le ofreció todos los reinos del mundo si se postraba ante él y le adoraba. Por supuesto, Jesús rechazó la oferta. Pero en el futuro llegará un hombre que aceptará la oferta de Satanás, y en quien habitará este, dándole su poder, su trono y poniendo toda su autoridad en las manos de ese hombre".

DONALD GREY BARNHOUSE

PARTE I

La curiosidad sobre el anticristo

"Muchas personas creen que el gran juego milenario de los últimos tiempos ya ha comenzado. A medida que la civilización avanza rauda hacia su destino final, es inevitable el surgimiento de un gobernante mundial poderoso. La pregunta definitiva a la que se enfrenta nuestra generación es si este hombre ya está vivo y avanzando hacia el poder".

ED HINDSON, *IS THE ANTICHRIST ALIVE AND WELL?*

¿Por qué existe hoy día tanto interés y tantas hipótesis sobre el anticristo?

Hace un tiempo escuché una anécdota sobre dos Testigos de Jehová que iban de puerta en puerta con la esperanza de poder hablar a alguien sobre sus creencias. Llegaron a la puerta de un hombre que les invitó a pasar, pidiéndoles que tomaran asiento en el salón mientras él se ocupaba de algo en la habitación trasera. Al cabo de unos minutos, el hombre volvió y les dijo: "Muy bien, ¿de qué querían hablarme?". Sorprendidos, los dos Testigos de Jehová se miraron el uno al otro. Entonces uno de ellos dijo: "Pues no sé. Nunca habíamos llegado tan lejos".

Esta es una ilustración precisa de en qué punto se encuentra hoy la gente al pensar en el futuro: nunca habíamos llegado tan lejos. En Romanos 13:11-12a, leemos: "Y esto, conociendo el tiempo, que es ya hora de levantarnos del sueño; porque ahora está más cerca de nosotros nuestra salvación que cuando creímos. La noche está avanzada, y se acerca el día".

Cada vez más personas tienen muy claro que este mundo se acerca a "la hora del cierre", y la gente formula preguntas acerca del futuro como nunca lo había hecho antes. Muchos sienten temor, ansiedad e incertidumbre. La fascinación sobre lo que podría suceder en el futuro va en aumento. Las personas se centran cada vez más en lo que podría suceder mañana. La crisis económica, la amenaza de pandemias, las catástrofes naturales cataclísmicas y la pavorosa amenaza del terror nuclear se combinan para hacer del mundo un lugar más peligroso que en cualquier otra época de la historia humana.

Al mismo tiempo, los líderes mundiales hablan cada vez más sobre unir sus esfuerzos para crear una unidad global. Por ejemplo, se han celebrado conferencias muy importantes sobre economía y clima, en las que los representantes gubernamentales han intentado que múltiples países colaboren para alcanzar un objetivo común. Además, ha habido otras maneras en las que diversos gobiernos han reclamado una cooperación mundial respecto a determinados problemas y cuestiones. Cada vez más somos testigos de los esfuerzos destinados a una centralización del poder, que induce a muchos a preguntarse si ha llegado ya la época del anticristo; si el último gobernador de este mundo y su gobierno planetario entrarán pronto en la escena mundial. El mundo anhela que llegue alguien que pueda aportar esperanza y dar respuestas a las crecientes crisis mundiales. ¿Podría estar cerca, muy cerca, la venida del anticristo? ¿Podría ya estar vivo y presente en algún lugar de la Tierra, esperando tras bambalinas que llegue el momento de intervenir?

Hoy día la gente habla cada vez más del anticristo. En ciertos sentidos no es de extrañar, porque el mundo siempre se ha sentido fascinado por la personificación humana del mal, y ha especulado muchísimo sobre quién es el anticristo. La identidad del anticristo ha intrigado al mundo durante 2000 años, y para muchos la tentación de identificarle ha resultado irresistible. A lo largo de los siglos se han sugerido numerosas posibilidades, y un candidato fijo ha sido siempre el Papa de turno. Se dice que Martín Lutero, el gran reformador, dijo: "Ahora me siento mucho más libre, estando seguro de que el Papa es el anticristo".

Entre los candidatos más destacados que se han sugerido figuran el emperador Federico II, el Papa Inocencio IV, Mahoma, los turcos, Napoleón, Hitler, Mussolini y Stalin. En épocas más recientes no ha habido carestía de otros nombres:

El presidente John F. Kennedy: era católico y fue asesinado de un disparo en la cabeza. Algunas personas asociaron esto con la herida mortal que un día recibirá el anticristo (ver Ap. 13:3), y esperaban que Kennedy volviera a la vida.

Henry Kissinger: judío cuyo nombre, según algunos cálculos, es igual a 666. Una de las razones clave por las que la gente sugirió que podía ser el anticristo fue su fama anterior como gran diplomático y pacificador.

Mikhail Gorbachev: ¿quién puede pasar por alto la gran mancha roja que tiene en la frente? Algunas personas asumieron que tenía que estar relacionada con la marca de la Bestia.

El presidente Ronald Reagan: su nombre, Ronald Wilson Reagan, está formado por tres palabras con seis letras cada una, que algunos identificaron con la cifra 666. También pensaron que su recuperación después de una herida de bala podría tener importancia.

Bill Clinton: muchas personas señalaron a Bill Clinton como el candidato posible para ser el anticristo, y algunos identificaron a Hillary como el falso profeta (compañero del anticristo que, según el libro de Apocalipsis, fomentará el poder del primero y convencerá al mundo de que le adore).

Algunos, bromeando, se han referido a este esfuerzo constante por identificar al anticristo como "ponerle la cola al anticristo". Vale la pena observar que aquellos que participan de este ejercicio, por lo general, le cuelgan esa "cola" a alguna persona que les desagrade especialmente. Casi todos los presidentes desde Ronald Reagan han sido identificados por algunos como el anticristo. De modo que no es de extrañar que, después de que Barack Obama llegara a la presidencia, algunos comenzasen a decir que era el anticristo. Hay programas de televisión por cable que han emitido entrevistas e historias sobre esta afirmación, y las encuestas demuestran que esta creencia no es minoritaria y propia de desequilibrados. Según una encuesta realizada por Louis Harris el 23 de marzo de 2010,

- un 67% de los republicanos (y un 40% de todos los estadounidenses) cree que Obama es socialista;
- un 45% de los republicanos (y un 25% de todos los estadounidenses) cree que Obama "no nació en Estados Unidos, de modo que no puede ser presidente";
- un 38% de los republicanos (y un 20% de todos los estadounidenses) dice que Obama "hace muchas de las cosas que hizo Hitler".

Pero el descubrimiento más intrigante de todos es que el 24% de los republicanos (y un 14% de todos los estadounidenses) dice que Obama "podría ser el anticristo".[1]

El espectro de Obama como el anticristo ha circulado ampliamente por Internet. Hay un video que ha conseguido muchos seguidores, que sostiene que Jesús nos dio el nombre anticristo y vincula a Barack Obama con ese nombre, aunque se nos avisa de que el narrador no afirma que el presidente Obama sea el anticristo. El video se basa en Lucas 10:18, donde Jesús dijo: "Yo veía a Satanás caer del cielo como un rayo". Luego, el argumento sigue de esta manera:

1. Jesús habló en arameo, no en griego.
2. Jesús dijo: "Yo vi a Satanás cayendo como un rayo de las alturas, o de los cielos".
3. Entonces el pasaje se traduce de nuevo como "Yo vi a Satanás cayendo del cielo como un rayo".
4. Se destaca que la palabra traducida como "rayo", es *baraq* en el hebreo bíblico".
5. Esto se relaciona con Isaías 14, que habla de Satanás o Lucifer.
6. El término hebreo traducido como "alturas" es *bamaw*.[2]

Ya puede imaginar hacia dónde se dirige todo esto. ¿Posee alguna validez esta línea de pensamiento? El mejor análisis de este razonamiento es el que ha hecho el experto en Nuevo Testamento Daniel B. Wallace. Después de abordar los puntos que acabamos de ver y otros muchos, Wallace llegó a esta conclusión:

> Una vez examinado el asunto, las evidencias son fraudulentas. Jesús no hablaba en hebreo, y el hebreo que se nos ofrece aquí no significa "rayo de las alturas". *Baraq ubamah* significa "rayo y altura". Pero este no puede ser el arameo subyacente (que no es hebreo) en el pasaje griego de Lucas 10:18. Así, es necesario dar un salto lingüístico del griego al arameo y luego al hebreo, cambiando la gramática y el vocabulario en el proceso, si queremos que Lucas 10:18 signifique lo que el narrador pretende que significa.[3]

En algunos círculos se habló mucho de que el número ganador de la lotería Pick 3 en el estado donde residía el presidente (Illinois), el 5 de noviembre de 2008, el día después de su victoria presidencial, fue el 6-6-6. Otros han dicho que su código postal es 60606. El participante de un blog dijo: "¿Por qué existen tantas coincidencias entre Obama y el 666?", y luego pasó a mencionar las supuestas "coincidencias":

> Fecha de nacimiento: 4 de agosto (día 216 del año)
> 216 = 6 x 6 x 6
>
> Longitud de su lugar de nacimiento: 21,6 (de nuevo el número 6)
> 216 (21,6) = 6 x 6 x 6
>
> Nombre: 18 letras
> 18 = 6 + 6 + 6
>
> El número ganador de la lotería de Chicago, en el estado donde Obama era senador, el día después de ser elegido presidente fue…
> 6-6-6
>
> Y el siguiente número fue…
> 7-7-7-9
>
> Según la numerología de Dios,
> 666 = anticristo
> 777 = cumplimiento perfecto
> 9 = juicio
> 6667779 = "(¿el momento?) del juicio de cumplimiento perfecto del anticristo".[4]

No tengo ni idea de si todos estos datos son ciertos, pero demuestran hasta qué punto algunas personas están obsesionadas intentando averiguar la identidad del anticristo. Poco después de que todo ese furor relacionado con Obama llegase al público general, un grupo extremista llamado "la milicia Hutaree" recibió mucha atención en los medios de comunicación porque había organizado el asesinato de un oficial de policía y la matanza posterior de los asistentes a su funeral, utilizando bombas caseras. Todo esto formaba parte de un plan mayor destinado a prepararse para la batalla con el anticristo. Una faceta clave de la teología creada por este grupo era la creencia de que el ex secretario general de la OTAN, Javier Solana, es el anticristo.[5]

Otro motivo para el alto grado de interés que sienten las personas por el anticristo parece ser la presencia de una figura semejante en todas las religiones mundiales. Puede que le sorprenda, como me pasó a mí cuando lo descubrí, que las tres grandes religiones mundiales (el cristianismo, el judaísmo y el islam) hablan de un gobernante mundial poderoso y siniestro que surgirá durante los últimos tiempos. Todos buscan a un hombre con una maldad sin paralelos, un enemigo último que aparecerá durante los últimos días y se hará con el control del mundo.

En el islam, a esta persona se le llama *Al-Dajjal*, que en árabe significa "engañador". Su título completo es *Al-Maseeh* (el Mesías) *Al-Dajjal* (el embustero/engañador). Estos son algunos de sus rasgos principales, según la enseñanza islámica:

- Será un hombre joven.
- Aparecerá durante un momento de gran tribulación.
- Será tuerto (no hay consenso sobre cuál será el ojo ciego), y ese ojo estará recubierto por una gruesa película, mientras que el otro ojo será saltón, sobresaliendo de su cuenca como una uva.
- Tendrá el cabello espeso.
- Tendrá la palabra *infiel* (*kaafir*) escrita entre los ojos, o posiblemente en la frente, pero solamente los verdaderos musulmanes entenderán su significado.
- El *Dajjal* poseerá unos increíbles poderes sobrenaturales que usará para engañar a los musulmanes. Según una fuente: "El *Dajjal* tendrá los poderes del diablo. Aterrorizará a los musulmanes obligándolos a seguirle, convirtiéndolos a la incredulidad. Ocultará la verdad y hablará la mentira. El profeta dijo que el *Dajjal* tendrá el poder de mostrar en su

mano, como en una pantalla de televisión, la imagen de los antepasados muertos. El pariente dirá: '¡Oh, hijo mío! Este hombre tiene razón. Estoy en el paraíso porque fui bueno y creí en él'. En realidad, ese pariente está en el infierno. Si el pariente muerto dice 'Cree en este hombre; estoy en el infierno por no haber creído', uno debe decirle al *Dajjal*: 'No, está en el paraíso. Eso es mentira'".[6]

- Será la encarnación del mal.
- Afirmará que es Dios.
- Será un judío que reunirá a 70.000 seguidores judíos, junto con otros incrédulos e hipócritas.
- Irá por todo el mundo engañando y destruyendo.
- Se establecerá como gobernante en Jerusalén.
- Al final lo matará Jesús en la puerta de Lida, cuando regrese de los cielos.
- La aparición del *Dajjal* en la escena mundial es una de las diez señales clave que tiene el islam para señalar los últimos tiempos.

El judaísmo también tiene su figura de anticristo. El judaísmo enseña que un gobernante romano llamado Armilus será un obrador de milagros que conducirá a sus ejércitos contra Jerusalén. Al final, Armilus morirá a manos del Mesías ben David, el Mesías Hijo de David, el verdadero Mesías.

En el cristianismo, como ya hemos visto, este gobernante mundial último es conocido como el anticristo, la bestia y el hombre de pecado, así como por otros nombres y títulos.

Cuando pensamos que tres de las grandes religiones mundiales esperan la llegada de un gran líder político-religioso en los últimos tiempos, no nos sorprende que hoy día la especulación sobre la identidad del anticristo vaya en aumento. De hecho, hay cada vez más gente que opina que ya se encuentra entre nosotros. Y el mundo quiere saber quién es. Creo que a medida que los problemas del mundo sigan empeorando, la curiosidad será cada vez más intensa. Con todo lo que sucede en nuestro mundo actual, la gente se hace más preguntas sobre los últimos tiempos y sobre el anticristo que en ningún otro momento previo de la historia. Son preguntas como estas:

- Los acontecimientos actuales en nuestro mundo, ¿preparan la escena para la aparición del anticristo?
- ¿Quién es ese superhombre satánico que aún no ha irrumpido en el panorama mundial?
- ¿De dónde vendrá?
- ¿Cómo será y qué hará?
- ¿Aparecerá durante nuestra vida?

Este es el tipo de preguntas que espero responder a lo largo de este libro, al intentar responder a la gran pregunta que he tomado como título de este libro: ¿Quién es el anticristo?

¿Por qué debería interesarme el anticristo?

A la hora de pensar en el anticristo, algunas personas hoy pueden sentirse como Dionisio el Cartusiano, que dijo: "¿Es que aún no nos hemos cansado de ese maldito anticristo?".[7] Sin embargo, creo que hay como mínimo cuatro motivos por los que debemos dedicar el tiempo necesario a informarnos sobre el anticristo venidero.

Primero, la Biblia tiene mucho que decirnos sobre este último gobernante mundial. Aparte de Jesucristo, el personaje principal en toda la profecía bíblica y en toda la historia de la humanidad es ese gobernante mundial venidero, o anticristo. Mi amigo el Dr. Harold Willmington describió correctamente la singularidad del dictador mundial futuro. Como podrá deducir de las cifras contenidas en la siguiente cita, hizo esta afirmación hace varios años, pero la idea sigue siendo válida: "Desde los tiempos de Adán, se ha calculado que en nuestro mundo han nacido aproximadamente 40.000 millones de seres humanos. Hoy día viven 4.500 millones de ellos. Sin embargo, sea cual fuere el baremo o el estándar que usemos, el humano más poderoso (aparte del propio Hijo de Dios) por lo que respecta a su capacidad y a sus éxitos aún no ha hecho su aparición en este planeta".[8]

Seguramente son pocos los que se dan cuenta de que hay más de cien pasajes en las Escrituras que describen el origen, la nacionalidad, el carácter, la carrera, el reino y el destino final del anticristo. Se habla de él extensamente en el libro de Daniel, en el Antiguo Testamento, así como en los libros de 2 Tesalonicenses y Apocalipsis en el Nuevo Testamento. Dios no quiere que nos preocupemos por este individuo de una forma malsana, desequilibrada, pero está claro que Dios quiere que sepamos de la existencia de este príncipe de las tinieblas venidero, porque ha optado por decirnos muchas cosas sobre él. La mera cantidad de información sobre el anticristo en la Biblia es motivo suficiente para que entendamos quién es y qué hará.

Segundo, saber lo que le pasará al anticristo nos da la confianza de que Dios triunfará al final sobre todo mal. Si es seguro que Dios obtendrá la victoria sobre la mayor concentración de maldad humana en la persona conocida como el anticristo, podemos estar tranquilos de que triunfará sobre toda la maldad que existe rampante en nuestro mundo. Este conocimiento constituye una tremenda fuente de consuelo y de seguridad en nuestra época, cada vez más turbulenta. Como dijo el maestro bíblico John MacArthur en referencia a Apocalipsis 13 y al anticristo: "El mensaje de este pasaje es claro. Permitan a la monstruosa bestia que sale del abismo hacer sus maldades. Permitan a Satanás y sus demonios tener su hora. Dios controla el futuro, y los creyentes son suyos".[9]

Tercero, saber acerca del anticristo nos ayuda a entender cómo los acontecimientos a nuestro alrededor cooperan para preparar la escena para su venida. Examinaremos esto más a fondo cuando nos centremos en algunas de las señales de la venida del anticristo. Mientras vemos cómo los sucesos mundiales van tomando forma tal como la Biblia predijo que harían, sentimos una gran paz, porque experimentamos la seguridad que procede del conocimiento de que la Biblia ha predicho el futuro con una precisión absoluta.

Cuarto, saber la verdad sobre el anticristo puede ayudarnos a reconocer los errores y la apostasía de nuestros tiempos. Aunque aún no vivimos en los últimos tiempos, a medida que nos acerquemos a ellos podemos esperar un aluvión creciente de apostasía y de falsas enseñanzas. Los maestros de profecía Thomas Ice y Timothy Demy nos ofrecen este consejo práctico:

> La enseñanza bíblica relativa al anticristo no nos ha sido dada para preocuparnos, sino para ponernos sobre alerta. Tener consciencia de la victoria de Dios sobre el anticristo y sobre toda maldad nos ofrece a los creyentes una seguridad de que tanto el presente como el futuro están firmemente en las manos de Dios. Debemos interesarnos por el anticristo no solo porque la Biblia habla de él o porque sintamos curiosidad, sino porque nos ofrece una visión sobre el misterio de la iniquidad que ya obra en el mundo (2 Ts. 2:7). Deberíamos interesarnos por el patrón del mal que se manifestará claramente en el futuro y se personificará en el anticristo, de modo que podamos resistir activamente al mal en el presente. Aunque un pasaje o un tema bíblico no sea directamente aplicable a un creyente concreto de nuestros tiempos, un conocimiento exhaustivo de las Escrituras ofrece al santo de Dios una visión adicional a la hora de vivir fielmente para el Salvador.[10]

La revelación de Dios sobre la encarnación final del mal constituye otra parte de su mensaje al hombre, y no debemos ignorarla o menospreciarla. Dios quiere que sepamos acerca del anticristo venidero, y todo creyente debería entender la revelación de Dios sobre él como parte de su comprensión general de la Palabra de Dios y de su plan para los tiempos.

¿Qué dice la Biblia sobre el anticristo?

La verdad sobre el último gobernador mundial está repartida por toda la Biblia, pero aún así nos ofrece un retrato muy coherente de su persona y de su obra. El retrato del anticristo se desprende de muchos pasajes bíblicos. Más abajo ofrezco algunos de los claves, y le resultará útil leerlos en este momento, porque aparecerán citados muchas veces a lo largo del resto del libro.

Daniel 7:8

> Mientras yo contemplaba los cuernos, he aquí que otro cuerno pequeño salía entre ellos, y delante de él fueron arrancados tres cuernos de los primeros; y he aquí que este cuerno tenía ojos como de hombre, y una boca que hablaba grandes cosas.

Daniel 8:23-25

> Y al fin del reinado de éstos, cuando los transgresores lleguen al colmo, se levantará un rey altivo de rostro y entendido en enigmas. Y su poder se fortalecerá, mas no con fuerza propia; y causará grandes ruinas, y prosperará, y hará arbitrariamente, y destruirá a los fuertes y al pueblo de los santos. Con su sagacidad hará prosperar el engaño en su mano; y en su corazón se engrandecerá, y sin aviso destruirá a muchos; y se levantará contra el Príncipe de los príncipes, pero será quebrantado, aunque no por mano humana.

Daniel 9:26-27

> Y después de las sesenta y dos semanas se quitará la vida al Mesías, mas no por sí; y el pueblo de un príncipe que ha de

venir destruirá la ciudad y el santuario; y su fin será con inundación, y hasta el fin de la guerra durarán las devastaciones.

Y por otra semana confirmará el pacto con muchos; a la mitad de la semana hará cesar el sacrificio y la ofrenda. Después con la muchedumbre de las abominaciones vendrá el desolador, hasta que venga la consumación, y lo que está determinado se derrame sobre el desolador.

Daniel 11:36-39

Y el rey hará su voluntad, y se ensoberbecerá, y se engrandecerá sobre todo dios; y contra el Dios de los dioses hablará maravillas, y prosperará, hasta que sea consumada la ira; porque lo determinado se cumplirá. Del Dios de sus padres no hará caso, ni del amor de las mujeres; ni respetará a dios alguno, porque sobre todo se engrandecerá. Mas honrará en su lugar al dios de las fortalezas, dios que sus padres no conocieron; lo honrará con oro y plata, con piedras preciosas y con cosas de gran precio. Con un dios ajeno se hará de las fortalezas más inexpugnables, y colmará de honores a los que le reconozcan, y por precio repartirá la tierra.

Mateo 24:23-24

Entonces, si alguno os dijere: Mirad, aquí está el Cristo, o mirad, allí está, no lo creáis. Porque se levantarán falsos Cristos, y falsos profetas, y harán grandes señales y prodigios, de tal manera que engañarán, si fuere posible, aun a los escogidos.

2 Tesalonicenses 2:3-9

Nadie os engañe en ninguna manera; porque no vendrá sin que antes venga la apostasía, y se manifieste el hombre de pecado, el hijo de perdición, el cual se opone y se levanta contra todo lo que se llama Dios o es objeto de culto; tanto que se sienta en el templo de Dios como Dios, haciéndose pasar por Dios.

¿No os acordáis que cuando yo estaba todavía con vosotros, os decía esto? Y ahora vosotros sabéis lo que lo detiene, a fin de que a su debido tiempo se manifieste. Porque ya está en acción el misterio de la iniquidad; sólo que hay quien al presente lo detiene, hasta que él a su vez sea quitado de en medio. Y entonces se manifestará aquel inicuo, a quien el Señor matará con el espíritu de su boca, y destruirá con el resplandor de su venida, inicuo cuyo advenimiento es por obra de Satanás, con gran poder y señales y prodigios mentirosos.

Los únicos lugares en el Nuevo Testamento en que aparece el apelativo "anticristo" son 1 Juan 2:18, 22; 4:3 y 2 Juan 7.

1 Juan 2:18, 22

Hijitos, ya es el último tiempo; y según vosotros oísteis que el anticristo viene, así ahora han surgido muchos anticristos; por esto conocemos que es el último tiempo... ¿Quién es el mentiroso, sino el que niega que Jesús es el Cristo? Este es anticristo, el que niega al Padre y al Hijo.

1 Juan 4:1-3

Amados, no creáis a todo espíritu, sino probad los espíritus si son de Dios; porque muchos falsos profetas han salido por el mundo. En esto conoced el Espíritu de Dios: Todo espíritu que confiesa que Jesucristo ha venido en carne, es de Dios; y todo espíritu que no confiesa que Jesucristo ha venido en carne, no es de Dios; y este es el espíritu del anticristo, el cual vosotros habéis oído que viene, y que ahora ya está en el mundo.

2 Juan 7

Porque muchos engañadores han salido por el mundo, que no confiesan que Jesucristo ha venido en carne. Quien esto hace es el engañador y el anticristo.

Los últimos pasajes principales que hablan de la venida del anticristo se encuentran en el libro de Apocalipsis.

Apocalipsis 13:1-10

Me paré sobre la arena del mar, y vi subir del mar una bestia que tenía siete cabezas y diez cuernos; y en sus cuernos diez diademas; y sobre sus cabezas, un nombre blasfemo. Y la bestia que vi era semejante a un leopardo, y sus pies como de oso, y su boca como boca de león. Y el dragón le dio su poder y su trono, y grande autoridad. Vi una de sus cabezas como herida de muerte, pero su herida mortal fue sanada; y se maravilló toda la tierra en pos de la bestia, y adoraron al dragón que había dado autoridad a la bestia, y adoraron a la bestia, diciendo: ¿Quién como la bestia, y quién podrá luchar contra ella? También se le dio boca que hablaba grandes cosas y blasfemias; y se le dio autoridad para actuar cuarenta y dos meses. Y abrió su boca en blasfemias contra Dios, para blasfemar de su nombre, de su tabernáculo, y de los que moran en el cielo.

Y se le permitió hacer guerra contra los santos, y vencerlos. También se le dio autoridad sobre toda tribu, pueblo, lengua y nación. Y la adoraron todos los moradores de la tierra cuyos nombres no estaban escritos en el libro de la vida del Cordero que fue inmolado desde el principio del mundo. Si alguno tiene oído, oiga. Si alguno lleva en cautividad, va en cautividad; si alguno mata a espada, a espada debe ser muerto. Aquí está la paciencia y la fe de los santos.

Apocalipsis 17:9-17

Esto, para la mente que tenga sabiduría: Las siete cabezas son siete montes, sobre los cuales se sienta la mujer, y son siete reyes. Cinco de ellos han caído; uno es, y el otro aún no ha venido; y cuando venga, es necesario que dure breve tiempo. La bestia que era, y no es, es también el octavo; y es de entre los

> siete, y va a la perdición. Y los diez cuernos que has visto, son diez reyes, que aún no han recibido reino; pero por una hora recibirán autoridad como reyes juntamente con la bestia. Estos tienen un mismo propósito, y entregarán su poder y su autoridad a la bestia. Pelearán contra el Cordero, y el Cordero los vencerá, porque él es Señor de señores y Rey de reyes; y los que están con él son llamados y elegidos y fieles.
>
> Me dijo también: Las aguas que has visto donde la ramera se sienta, son pueblos, muchedumbres, naciones y lenguas. Y los diez cuernos que viste en la bestia, éstos aborrecerán a la ramera, y la dejarán desolada y desnuda; y devorarán sus carnes, y la quemarán con fuego; porque Dios ha puesto en sus corazones el ejecutar lo que él quiso: ponerse de acuerdo, y dar su reino a la bestia, hasta que se cumplan las palabras de Dios.

Teniendo en mente este fundamento bíblico, sigamos adelante para ver qué creían algunos de los padres de la iglesia primitiva sobre la llegada del anticristo.

¿Qué creía sobre él la iglesia primitiva?

Aumenta cada vez más el número de voces que mantienen que la visión de un individuo futuro que gobernará el mundo es una invención moderna. Gary DeMar, que representa este paradigma y critica al maestro bíblico y escritor Tim LaHaye y la serie *Dejados atrás*, dice que la idea de un anticristo final es "moderna". Para él no es más que un mito. Se refiere reiteradamente a la visión del anticristo presentada en la serie *Dejados atrás* como "la doctrina moderna del anticristo", "la doctrina moderna del anticristo según LaHaye" y "la doctrina moderna del anticristo como la expresa LaHaye y muchos otros escritores proféticos".[11]

Pero, ¿acaso esta visión del anticristo es un mito o se trata de una invención reciente? La evidencia revela que todo se remonta a los primeros tiempos de la iglesia. Por supuesto, las interpretaciones de los primeros padres de la iglesia no garantizan la veracidad de este paradigma de por sí, pero sí nos ofrecen el telón de fondo histórico para la visión de un anticristo final y futuro, y sin duda demuestran que esta postura lleva presente en este mundo muchísimo tiempo.

Por ejemplo, la *Didaché* o *Enseñanzas de los doce apóstoles* se escribió en algún momento entre los años 70 y 100 d. C. Este documento de la iglesia primitiva reconocía la venida de un anticristo personal, que traería consigo una época de tribulaciones inigualables sobre la Tierra.

> Pues a medida que aumente la iniquidad, se aborrecerán, perseguirán y traicionarán unos a otros. Y entonces aparecerá el engañador del mundo diciendo ser hijo de Dios, y "hará señales y prodigios, y la tierra será entregada en su mano, y cometerá abominaciones como nunca antes había cometido nadie".[12]

Ireneo, el obispo de Lyon, en Francia, seguramente tuvo más influencia que cualquier otro líder cristiano durante los tres primeros siglos. Fue el primer gran teólogo sistemático de la iglesia, y un defensor incansable de la fe frente a los ataques sucesivos de la herejía, sobre todo el gnosticismo. Incluyó un análisis sobre el anticristo en su gran obra *Contra las herejías*. En esta obra detallaba su visión del maligno venidero. En determinado momento llega a esta conclusión:

> ... cuando este anticristo haya devastado todas las cosas de este mundo, reinará durante tres años y seis meses, y se sentará en el templo de Jerusalén; y entonces el Señor descenderá con las nubes, desde los cielos, en la gloria del Padre, enviando a ese hombre y a todos los que le sigan al lago de fuego; pero trayendo para los justos la era del reino, es decir, el descanso, el séptimo día santificado; y restaurará a Abraham la herencia prometida, en cuyo reino el Señor declaró que muchos que

> vendrían del oriente y del occidente se sentarían con Abraham, Isaac y Jacob (*Contra las herejías*, 5.30.4).

Basándonos en esto podemos decir con seguridad que Ireneo creía lo siguiente acerca del gobernante mundial futuro:

- El anticristo es un solo individuo, cuya venida seguía estando en el futuro en el siglo II d. C.
- Encarnará por completo el mal, igual que Cristo encarna el bien.[13]
- Liderará la última gran apostasía (5.21.1; 5.28.2).
- Será promovido por el falso profeta, que realizará grandes milagros que apartarán a mucha gente (5.28.2).
- Surgirá del "último reino" cuando haya diez reyes gobernando el Imperio Romano (5.25.3; 5.30.2).
- Será un judío de la tribu de Dan.[14]
- Se sentará en el templo de Dios y dirá que es Dios (5.25.2; 5.28.2).
- Reinará en el mundo durante un periodo de tres años y medio.[15]
- Entonces el Señor le arrojará al lago de fuego (5.28.2).

Ireneo, una luminaria del siglo II, tenía una visión del anticristo que es muy parecida a la que expongo en este libro, y a la que comparten muchos otros maestros modernos especializados en profecía.

Si pasamos al siglo III, Hipólito fue un presbítero romano que vivió en torno al año 200-235 d. C. Escribió el primer comentario bíblico cristiano que se conserva completo, titulado *Comentario sobre el profeta Daniel*. Escribió esta obra en torno al 204 d. C. También escribió un tratado entero dedicado al anticristo titulado *Sobre Cristo y el anticristo*. Hipólito apuntó seis modos en que el anticristo sería una imitación pervertida de Cristo: (1) tendrá origen judío;

(2) enviará apóstoles; (3) reunirá a personas que estaban repartidas por todo el mundo; (4) sellará a sus seguidores; (5) aparecerá bajo forma humana; y (6) construirá un templo en Jerusalén.[16] También enseñó que el anticristo surgiría de un Imperio Romano consistente en diez reinos, que reconstruiría el Imperio Romano, que su carrera duraría tres años y medio y que perseguiría a los cristianos que se negaran a adorarle.[17] Hipólito destacó en especial la vinculación del anticristo con los judíos. "Sobre todo, además, amará a la nación de los judíos. Y con todos estos [judíos] obrará señales y prodigios terribles, maravillas falsas y no ciertas, para engañar a sus iguales impíos... Y después de todo construirá el templo en Jerusalén, restaurándolo con gran velocidad y entregándolo a los judíos" (Hipólito, *Discurso sobre el fin del mundo* 23-25).

Tertuliano fue la primera voz importante en la cristiandad latina, y vivió entre los años 160 y 220 d. C. aproximadamente. En su obra *Contra Marción* dijo:

> El hombre de pecado, el hijo de perdición, que debe revelarse antes de que el Señor venga, quien se opone y se exalta a sí mismo por encima de todo lo que se llame Dios o sea adorado; y quien se sienta en el templo de Dios y se jacta de ser Dios... Ciertamente, según nuestra opinión, es el anticristo; y se nos enseña esto tanto en las profecías antiguas como modernas, y por el apóstol Juan, quien dice que "muchos falsos profetas han salido ya por el mundo", precursores del anticristo, quienes niegan que Cristo ha venido en la carne, y quienes no le reconocen, es decir, a Dios el Creador (*Contra Marción*, 5:16 [210 d. C.]).

Tertuliano dejó claro que creía tanto en los "anticristos" presentes, que eran herejes que dividían a la iglesia, como en un anticristo final y venidero que perseguiría al pueblo de Dios.[18]

Cipriano de Cartago, alrededor del año 250 d. C., escribió que creía que el anticristo sería un individuo futuro que surgiría como gran perseguidor del pueblo de Dios (*Cartas* 69[70]:3).

Cirilo, obispo de Jerusalén, vivió alrededor de los años 315-386 d. C. Basándose en Daniel 7:13-27, 2 Tesalonicenses 2:4 y otros pasajes que habitualmente se relacionan con el anticristo, Cirilo esperaba a un anticristo único que dominaría con poder y habilidad la magia y la hechicería. Será el undécimo rey de un Imperio Romano fragmentado, y reconstruirá el templo judío derruido, entronizándose en él como dios.[19]

Lactancio, que llegó a ser consejero del primer emperador romano cristiano, Constantino, también escribió sobre el anticristo futuro a principios del siglo IV:

> [Un] rey surgirá de Siria, nacido de un espíritu maligno, déspota y destructor de la raza humana, que acabará con lo que quede de la maldad anterior, junto con sí mismo... Pero ese rey no solo será terrible como persona, sino que será también un profeta mentiroso, y se hará Dios y se llamará como tal, y ordenará que se le adore como Hijo de Dios, y se le concederá poder para hacer prodigios y maravillas, para incitar a los humanos a adorarle. Tendrá poder para hacer que descienda fuego de los cielos, y que el sol se detenga y altere su rumbo, y que una imagen hable, y tales cosas se harán a su voz de mando... Entonces intentará destruir el templo de Dios y perseguir a los justos (*Instituciones divinas* 7:17).

Jerónimo (331-420 d. C.), el gran Padre latino de la iglesia que tradujo las Escrituras al latín, también creía en un anticristo personal. Creía que el anticristo sería judío, pero sostenía también que nacería de una virgen y que en él habitaría el propio Satanás. Enseñó además que el Imperio Romano se dividiría en diez reinos que serían conquistados por el anticristo, el undécimo rey. Dijo que el anticristo moriría en el monte de los Olivos, el mismo punto desde el que Jesús ascendió a los cielos.[20]

Incluso el gran Agustín, a principios del siglo V, sostuvo la idea de un anticristo futuro. Escribió:

> Daniel profetiza sobre el último juicio de una manera que indica que el anticristo vendrá primero y hará llegar su destrucción hasta el reinado eterno de los santos. Porque había visto las cuatro bestias en su visión profética, bestias que representan cuatro reinos, y el cuarto conquistado por un rey concreto reconocido como anticristo, y tras él el reino eterno del Hijo del Hombre, es decir, de Cristo (*Ciudad de Dios* 20:19).

Bernard McGinn, conocido experto sobre el anticristo, cita a David Dunbar, famoso erudito patrístico, que dice que se había desarrollado "cierto tipo de escatología tradicional" que

> estaba bastante extendida durante las últimas décadas del siglo II. Este punto de vista tradicional de la iglesia sostenía que el anticristo sería un judío futuro de la tribu de Dan; vendría tras la fragmentación del Imperio Romano; sería un tirano perseguidor; reconstruiría el templo de Jerusalén; se exaltaría como dios; gobernaría durante tres años y medio; su caída sería el preludio de la venida de Cristo a este mundo.[21]

McGinn concluye con un reto a los maestros modernos que rechazan la verdad bíblica sobre el anticristo. Dice: "Estos padres de la iglesia cristiana siguen dando materia de reflexión a aquellos que, a finales del siglo XX, han perdido su creencia en un adversario final literal".[22]

Kim Riddlebarger, erudito y pastor amilenarista, observa: "Los padres de la iglesia, en términos generales, creían que el anticristo será un judío apóstata que aparecerá tras la caída del Imperio Romano y que afirmará ser el Mesías en un templo reconstruido en Jerusalén".[23]

Esta misma imagen general del anticristo se perpetuó en la Edad Media. En su libro *Naming the Antichrist* [Nombrar al anticristo], Robert Fuller resume el punto de vista medieval dominante sobre el anticristo:

> Aunque la tradición medieval sobre el anticristo fue muy compleja y variada de un autor a otro, es posible discernir un entendimiento estándar y ampliamente aceptado sobre el anticristo: quién es, cuándo aparecerá, qué hará y qué será de él... La tradición medieval vacilaba un tanto entre, por un lado, la identificación de los herejes contemporáneos (sobre todo judíos) como anticristos y, por otro, la expectativa de la llegada de un único individuo concreto, que vendría en el futuro justo antes del regreso de Cristo. Por lo general, la interpretación dominante era la segunda, y el clero medieval escribió extensamente sobre un hombre que nacería de una prostituta o de una mujer malvada, del linaje judío de la tribu de Dan. Se pensaba que desde su nacimiento sería poseído por el diablo, que le instruiría en los poderes del engaño y en el arte de realizar prodigios. Las diversas "vidas del anticristo" afirman que entrará en Jerusalén, reconstruirá el templo y convertirá a los judíos, que al principio le recibirán como un aliado. Obtendrá el poder político y religioso, enviará a falsos profetas, destruirá la creencia en Jesús como Hijo de Dios e instituirá una nueva ley. Este maestro del engaño hará milagros aparentemente, y exigirá que le adoren como a Dios. Cuando los profetas bíblicos Enoc y Elías aparezcan para desafiar su gobierno y convertir a los judíos al Cristo verdadero, los matará y perseguirá a sus seguidores. Para rematar su parodia definitiva de Cristo, el anticristo intentará ascender al cielo desde el monte de los Olivos. En este mismo momento o cerca de él regresará Cristo de los cielos, destruyendo al anticristo "con el espíritu de su boca", e inaugurará el periodo de mil años como se describe en Apocalipsis.[24]

Como se puede ver, esta visión del anticristo desde los tiempos más antiguos de la historia de la iglesia, pasando por la Edad Media, se parece muchísimo a la visión moderna y futurista del anticristo. La visión de que será un individuo que aparecerá en los últimos tiempos es casi un reflejo del concepto que tenían de él los padres de la iglesia primitiva y el clero medieval. Este punto de vista, lejos de ser moderno o de ser un mito, se remonta a la iglesia antigua, y procede de aquellos que estuvieron más cerca cronológicamente del Nuevo Testamento y de los apóstoles. Puede que algunas personas discrepen de la idea de un gran anticristo en los últimos días, pero afirmar que esta visión es de cuño reciente no es ni mucho menos preciso.

¿Sabrán los creyentes quién es el anticristo antes del arrebatamiento? ¿Deberíamos intentar descubrir su identidad?

La identidad del anticristo lleva 2000 años intrigando al mundo. Como vimos antes, a muchos les ha costado resistirse a la tentación de identificarlo. A pesar de todo, y por muy atrayente que resulte en ocasiones intentar descubrir quién es el hombre de pecado, debemos evitar hacerlo. Quienes ceden a esta tentación, a menudo llaman mucho la atención durante un tiempo, pero cuando al final se demuestra que estaban equivocados queda claro el peligro que reviste intentar identificar concretamente al anticristo antes del momento adecuado.

Muchos de los que intentan identificar al anticristo recurren al número 666, que aparece de una forma u otra en Apocalipsis 13:16-18. Más adelante examinaremos con más detalle el número 666, o la marca de la bestia. Por el momento baste decir que muchos especuladores intentan aplicar el número a los nombres de candidatos modernos, para encontrar una correlación. G. Salmon, erudito bíblico, ha observado tres "estrategias" que el mundo ha usado a lo largo de los siglos en sus intentos de identificar al anticristo, e identificar ciertos nombres con la cifra 666:

Regla 1: Si el nombre de la persona no equivale a 666, añadamos un título.

Regla 2: Si las letras del nombre en inglés no suman esa cifra, probemos en griego, hebreo o incluso latín.

Regla 3: No seamos muy meticulosos sobre cómo se escribe el nombre.

Por tanto, si tiene la creatividad suficiente, una persona puede imaginar que casi cualquiera es el anticristo. Como concluye Salmon: "No podemos inferir gran cosa del hecho de que una llave encaje en una cerradura si en esta encajaría casi cualquier llave".[25]

Pero esto no ha impedido al mundo jugar a "ponerle la cola al anticristo". Esto suscita las preguntas siguientes: ¿es posible siquiera que conozcamos la identidad del anticristo en esta era? ¿Deberíamos dedicar tiempo a intentar descubrir quién es?

Hay un pasaje clave en el Nuevo Testamento (2 Ts. 2:1-8), que muchos maestros bíblicos interpretan como si dijera que el arrebatamiento debe preceder a la revelación del anticristo. En otras palabras, no será posible saber quién es el anticristo antes de que los cristianos sean arrebatados a los cielos. Esto quiere decir que Apocalipsis 13:16-18 habla a aquellos creyentes que estén presentes en el mundo *después* del rapto. El pasaje ofrece una información que les permitirá descubrir quién es cuando entre en escena. Examinemos brevemente 2 Tesalonicenses 2:18 y veamos qué nos enseña sobre la relación entre el arrebatamiento y la aparición del anticristo.

El día del Señor

En 2 Tesalonicenses, Pablo escribió a los creyentes tesalonicenses en el norte de Grecia para aclarar ciertas confusiones respecto al día del Señor venidero (que según creo yo empieza con la tribulación de los siete años). Es evidente que alguien había enseñado a los creyentes tesalonicenses que ya estaban en la tribulación. Pablo corrigió este error señalando que el día del Señor no puede llegar hasta que sucedan dos cosas: (1) una gran apostasía o rebelión, y (2) la revelación del anticristo o el hombre de iniquidad.

En 2 Tesalonicenses 2:1-3 leemos:

> Pero con respecto a la venida de nuestro Señor Jesucristo, y nuestra reunión con él, os rogamos, hermanos, que no os dejéis mover fácilmente de vuestro modo de pensar, ni os conturbéis, ni por espíritu, ni por palabra, ni por carta como si fuera nuestra, en el sentido de que el día del Señor está cerca. Nadie os engañe en ninguna manera; porque no vendrá sin que antes venga la apostasía, y se manifieste el hombre de pecado, el hijo de perdición.

Dado que, como creen muchos maestros bíblicos, el anticristo será revelado al principio del día del Señor (el periodo de la tribulación), y la iglesia será llevada a los cielos antes de esto, no parece que nosotros, que somos cristianos, podamos saber la identidad del anticristo antes de ser arrebatados al cielo. Si alguna vez descubre quién es el anticristo, tengo malas noticias para usted: ¡ha sido dejado atrás!

En algún momento posterior al rapto, el anticristo entrará en escena para firmar un tratado de paz con Israel, y entonces comenzará la tribulación. Sin duda el caos y la confusión generados por la desaparición de millones de personas en todo el mundo durante el arrebatamiento creará el entorno propicio para que el anticristo pronto ascienda al dominio mundial. El anticristo entrará en escena con respuestas, y muchos se enamorarán de su persona, pero la luna de miel durará poco, porque el mundo se enfrentará a siete años de terrible tribulación.

La eliminación de los límites

Hay otra manera en la que el apóstol Pablo estableció una conexión entre el rapto y el anticristo en 2 Tesalonicenses 2. Dijo que el anticristo no puede ser revelado hasta que ya no esté "quien al presente lo detiene". A este factor se le define como persona y como poder.

> Que no os dejéis mover fácilmente de vuestro modo de pensar, ni os conturbéis, ni por espíritu, ni por palabra, ni por carta como si fuera nuestra, en el sentido de que el día del Señor está cerca. Nadie os engañe en ninguna manera; porque no vendrá sin que antes venga la apostasía, y se manifieste el hombre de pecado, el hijo de perdición, el cual se opone y se levanta contra todo lo que se llama Dios o es objeto de culto; tanto que se sienta en el templo de Dios como Dios, haciéndose pasar por Dios. ¿No os acordáis que cuando yo estaba todavía con vosotros, os decía esto? Y ahora vosotros sabéis lo que lo detiene, a fin de que a su debido tiempo se manifieste. Porque ya está en acción el misterio de la iniquidad; sólo que hay quien al presente lo detiene, hasta que él a su vez sea quitado de en medio. Y entonces se manifestará aquel inicuo, a quien el Señor matará con el espíritu de su boca, y destruirá con el resplandor de su venida (2 Ts. 2:2-8).

Dios nos dice que existe un obstáculo concreto que impide la liberación total del mal y la apertura de la puerta para la entrada del anticristo en el escenario mundial. A este obstáculo se le llama "quien al presente lo detiene". Si bien hay muchas explicaciones posibles para la identidad de ese retenedor, creo que la perspectiva que tiene más sentido es que se trata del Espíritu Santo, que obra en y por medio de la iglesia, el cuerpo de Cristo en la Tierra.[26]

Hay cuatro razones para identificar a "quien detiene" al anticristo como el ministerio limitador del Espíritu Santo por medio de la iglesia:

1. Esta limitación exige un poder omnipotente. El único que tiene poder para limitar y contener la aparición del anticristo es Dios.

2. Esta es la única visión que explica adecuadamente el cambio de género en 2 Tesalonicenses 2:6-7. Ese limitador es tanto un poder ("lo que lo detiene") como una persona ("quien al presente lo detiene"). En el texto griego original, el término *pneuma* (Espíritu) es neutro. Pero en las Escrituras, al Espíritu Santo se le menciona constantemente usando el pronombre masculino "Él", sobre todo en Juan 14—16.
3. Las Escrituras hablan del Espíritu Santo como de alguien que refrena el pecado y la maldad en el mundo (Gn. 6:3), y que vive en el corazón del creyente (Gá. 5:16-17).
4. La iglesia y su misión de proclamar y dar ejemplo del evangelio son los instrumentos primarios que usa el Espíritu Santo para refrenar el mal en esta era. Somos la sal de la Tierra y la luz del mundo (Mt. 5:13-16). Somos el templo del Espíritu Santo, tanto individual como colectivamente.

Por tanto, el factor que retiene al mal es la influencia restrictiva y el ministerio del Espíritu Santo, que tiene lugar cuando habita en los creyentes y obra por medio de ellos. Me gusta mucho cómo describe el famoso maestro bíblico Donald Grey Barnhouse la identidad de "quien detiene":

> Bien, entonces, ¿qué es lo que impide que el anticristo haga su aparición en el escenario mundial? ¡*Usted*! Usted y todos los demás miembros del cuerpo de Cristo en la Tierra. La presencia de la iglesia de Jesucristo es la fuerza restrictiva que se niega a permitir que se revele el hombre de pecado. Es cierto que el verdadero limitador es el Espíritu Santo. Pero, tal como enseñan 1 Corintios 3:16 y 6:19, el Espíritu Santo habita en el creyente. El cuerpo del creyente es el templo del Espíritu de Dios. Por tanto, si unimos a todos los creyentes y vemos que el Espíritu Santo habita en cada uno de nosotros, tendremos una fuerza limitadora formidable.

> Cuando la iglesia sea arrebatada, el Espíritu Santo se irá con ella solo en lo que respecta a su poder de contención. Su obra en esta era de la gracia habrá concluido. Después, durante la gran tribulación, el Espíritu Santo seguirá en la Tierra, por supuesto (¿cómo sería posible librarse de Dios?), pero no habitará en los creyentes como lo hace ahora. Más bien retomará su ministerio del Antiguo Testamento, el de "descender" sobre determinadas personas.[27]

Cuando tenga lugar el arrebatamiento, la iglesia en la que habita el Espíritu y su influencia restrictiva desaparecerán de este mundo. Satanás podrá entonces poner su plan en acción, llevando a su hombre al centro del escenario para que tome control del mundo. El arrebatamiento abrirá la puerta de par en par para que el anticristo llegue al poder y desate una tormenta de maldad no comparable a ninguna otra que se haya visto. El hecho de que el retenedor siga en su lugar ahora mismo significa que Satanás debe esperar al momento de Dios antes de desvelar al anticristo. El hecho de que Dios sea soberano de esta manera nos asegura también que la derrota final de Satanás es segura mucho antes de que haya comenzado su ataque de los últimos días contra Dios y contra su pueblo. No puede hacer su último movimiento diabólico hasta que Dios le dé permiso mediante la eliminación del poder restrictivo del Espíritu en la iglesia.[28]

Buscar a Cristo

Debemos recordar este hecho importante: el anticristo no será revelado hasta después de que la iglesia sea llevada a los cielos. Por eso nadie puede conocer la identidad del anticristo hasta que todos los creyentes sean arrebatados. Por lo que respecta a los intentos de identificar al anticristo, debemos seguir los consejos de Ireneo:

> Por lo tanto, es más seguro y menos arriesgado aguardar el cumplimiento de la profecía, en lugar de hacer elucubracio-

> nes y buscar cualquier nombre que se vaya presentando, por mucho que se encuentren nombres que posean el número mencionado; y, después de todo, la pregunta quedará sin respuesta. Porque si hay muchos nombres que poseen este número, habrá que preguntarse cuál entre ellos será el que lleve aquel hombre venidero (*Contra las herejías* 5.30.3).

Esto también explica por qué nunca se ordena a los creyentes que busquen al anticristo, sino a Cristo. Nos reuniremos con el Señor en el aire antes de que se revele el hombre de pecado y comience su carrera nefasta. Buscamos a Aquel cuyo nombre está por encima de todo otro nombre, Aquel ante quien se doblará toda rodilla y toda lengua confesará que es el Señor, para gloria de Dios Padre (Fil. 2:9-11).

PARTE 2

El carácter del anticristo

"Entre las diversas escenas que nos presentan las profecías se proyecta la sombra de una figura tan dominante como ominosa. Bajo muchos nombres diferentes, como los alias de un criminal, se nos exponen su carácter y sus movimientos".

A. W. PINK, *EL ANTICRISTO* (1923)

¿Qué significa la palabra *anticristo*?

Antes de profundizar más en nuestra exposición del anticristo, es importante que hagamos una pausa breve para asegurarnos de que realmente sabemos de qué estamos hablando. El prefijo *anti* puede significar "contra, opuesto a" o "a cambio de, en lugar de". Esto plantea una pregunta clave: el anticristo futuro, ¿estará "en contra de" Cristo o "en lugar de" Cristo? Es decir, ¿debemos entender el prefijo *anti* como una oposición o como un intercambio? El anticristo, ¿será un Mesías falsificado o simplemente obrará en contra del propio Cristo?

Sin duda, ambos significados se incluyen en el término *anticristo.* Él será el archienemigo, el último adversario del Señor Jesús. Los orígenes, naturalezas y propósitos de Cristo y del anticristo son diametralmente opuestos. Esta lista de títulos revela el tremendo abismo que existe entre Cristo y su adversario.[1]

Cristo	**Anticristo**
La verdad	La mentira
El santo	El inicuo
El varón de dolores	El hombre de pecado
El Hijo de Dios	El hijo de perdición
El misterio de la santidad	El misterio de la iniquidad
Purifica el templo	Contamina el templo
El Cordero	La bestia

La oposición absoluta entre el anticristo y Cristo se percibe en estas descripciones contrastadas.[2]

Rasgo	**Cristo**	**Anticristo**
Origen:	Cielo	El abismo sin fondo
Naturaleza:	El Buen Pastor	El pastor necio
Destino:	Ser exaltado en lo alto	Ser arrojado al infierno
Objetivo:	Hacer la voluntad de su Padre	Hacer su propia voluntad
Propósito:	Salvar a los perdidos	Destruir a los santos
Autoridad:	El nombre de su Padre	Su propio nombre
Actitud:	Se humilló	Se exaltará
Fruto:	La vid verdadera	La viña del mundo
Respuesta:	Despreciado	Admirado

En todos los sentidos que podamos imaginar, Cristo y el anticristo son fundamentalmente opuestos. El anticristo es contrario a Cristo, y estará anti- (contra) Cristo.

El anticristo no solo será anti-Cristo en el sentido de que irá en contra del Señor; también lo será en el sentido de que intentará colocarse “en lugar de” Cristo. Será una parodia o una imitación fraudulenta del verdadero Cristo. Será un sucedáneo de Cristo, un falso Cristo, un pseudo-Cristo, una imitación de Cristo.

En Juan 5:43, Jesús dijo: “Yo he venido en nombre de mi Padre, y no me recibís; si otro viniere en su propio nombre, a ése recibiréis”. Aquel que vendrá en su propio nombre será el falso mesías mundial y definitivo, el anticristo. Intentará ser el *alter ego* del verdadero Cristo. A. W. Pink dijo:

> En todo sentido [el anticristo] es la antítesis de Cristo. La palabra “anticristo” tiene un doble significado. Su sentido primario es alguien que se opone a Cristo; pero su sentido secundario es alguien que se coloca en lugar de Cristo… *anti*cristo no solo denota el antagonismo contra Cristo, sino que habla de alguien que estará en lugar de Cristo. El término significa “otro Cristo”, un pro-Cristo, un *alter Christus*, alguien que finge ser Cristo. Parecerá ser y se presentará como el Cristo verdadero. Será el fraude del diablo.[3]

Como se ha señalado a menudo, Satanás nunca ha originado nada excepto pecado. Desde el momento de la Creación, ha imitado falsamente las obras de Dios. El anticristo no es una excepción. Es la obra maestra y final de Satanás, el fraude por excelencia, un falso Cristo y una réplica fraudulenta de Jesús, el verdadero Cristo e Hijo de Dios.

Veamos veinte maneras en las que el anticristo imitará el ministerio del verdadero Hijo de Dios.

Cristo	**Anticristo**
Milagros, señales y maravillas (Mt. 9:32-33; Mr. 6:2)	Milagros, señales y maravillas (Mt. 24:24; 2 Ts. 2:9)
Aparece en el templo del milenio (Ez. 43:6-7)	Se sienta en el templo en la tribulación (2 Ts. 2:4)

Cristo	**Anticristo**
Es Dios (Jn. 1:1-2; 10:35)	Afirma ser Dios (2 Ts. 2:4)
Es el león de la tribu de Judá (Ap. 5:5)	Tiene boca de león (Ap. 3:12)
Establece un pacto de paz con Israel (Ez. 37:26)	Establece un pacto de paz con Israel (Dn. 9:27)
Hace que los hombres adoren a Dios (Ap. 1:6)	Hace que los hombres adoren a Satanás (Ap. 13:3-4)
Seguidores sellados en su frente (Ap. 7:4; 14:1)	Seguidores sellados en la frente o en la diestra (Ap. 13:16-18)
Nombre digno (Ap. 19:16)	Nombres blasfemos (Ap. 13:1)
Casado con una esposa virtuosa (Ap. 19:7-10)	Casado con una prostituta (Ap. 17:3-5)
Coronado con muchas coronas (Ap. 19:12)	Coronado con diez coronas (Ap. 13:1)
Es *el* Rey de reyes (Ap. 19:16)	Es llamado "el rey" (Dn. 11:36)
Sentado en un trono (Ap. 3:21; 12:5; 20:11)	Sentado en un trono (Ap. 13:2; 16:10)
Espada afilada en su boca (Ap. 19:15)	Arco en su mano (Ap. 6:2)
Monta un caballo blanco (Ap. 19:11)	Monta un caballo blanco (Ap. 6:2)
Tiene un ejército (Ap. 19:14)	Tiene un ejército (Ap. 6:2; 19:19)
Muerte violenta (Ap. 5:6; 13:8)	Muerte violenta (Ap. 13:3)
Resurrección (Mt. 28:6)	Resurrección (Ap. 13:3, 14)
Segunda venida (Ap. 19:11-21)	Segunda venida (Ap. 17:8)

Cristo	Anticristo
Reino mundial de mil años (Ap. 20:1-6)	Reino mundial de tres años y medio (Ap. 13:5-8)
Parte de una Trinidad santa (Padre, Hijo y Espíritu Santo, 2 Co. 13:14)	Parte de una trinidad impía (Satanás, anticristo y falso profeta, Ap. 13)

Un pasaje del Nuevo Testamento que subraya los modos en los que el anticristo será una imitación del Cristo verdadero es 2 Tesalonicenses 2:3-8. Los términos griegos traducidos como "poder", "señales" y "prodigios", usados para describir los milagros engañosos del anticristo, son las mismas palabras griegas que se usan en los Evangelios para describir los milagros genuinos de Cristo. Además, las palabras traducidas como "revelación" (*apokalupsis*) y "venida" (*parousia*) que se usan para describir la entrada arrolladora del anticristo en la escena mundial son los mismos términos en griego que describen la segunda venida de Jesucristo. J. Dwight Pentecost resume adecuadamente el sentido bíblico de la palabra *anticristo*: "Satanás intenta dar al mundo un gobernante que sustituya a Cristo, alguien que además se opondrá a Él, de modo que pueda gobernar el planeta en vez de Cristo".[4]

El anticristo, ¿será una persona real, individual?

Dado que el título *anticristo* es uno con el que la mayoría de personas está familiarizada hoy día, es importante que sepamos algo sobre el significado de esta palabra. "Anticristo" o "anticristos" (griego = *antichristos*) se encuentra solo cinco veces en el Nuevo Testamento. Los cinco ejemplos aparecen en las epístolas de Juan (dos veces en 1 Jn. 2:18; y una vez en 1 Jn. 2:22, 4:3 y 2 Jn. 7).

> Hijitos, ya es el último tiempo; y según vosotros oísteis que el anticristo viene, así ahora han surgido muchos anticristos; por esto conocemos que es el último tiempo (1 Jn. 2:18).

> ¿Quién es el mentiroso, sino el que niega que Jesús es el Cristo? Este es anticristo, el que niega al Padre y al Hijo (1 Jn. 2:22).
>
> Y todo espíritu que no confiesa que Jesucristo ha venido en carne, no es de Dios; y este es el espíritu del anticristo, el cual vosotros habéis oído que viene, y que ahora ya está en el mundo (1 Jn. 4:3).
>
> Porque muchos engañadores han salido por el mundo, que no confiesan que Jesucristo ha venido en carne. Quien esto hace es el engañador y el anticristo (2 Juan 1:7).

Fíjese cómo inicia Juan su epístola de 1 Juan 2:18: "Hijitos, ya es el último tiempo; y según vosotros oísteis que el anticristo viene...". Los lectores de Juan tenían información sobre el anticristo futuro. Es posible que el título "anticristo" fuera nuevo para ellos, pero el hecho de su venida no lo era. Sin duda Juan les había enseñado sobre el anticristo, y es probable que hubieran leído sobre su venida en el Antiguo Testamento, en libros como Daniel. Años antes, cuando el apóstol Pablo estuvo en Éfeso, también había enseñado a esos mismos creyentes lo que Juan explicaba ahora en sus cartas. Es evidente que aquellos cristianos habían oído hablar de la venida de aquel gran engañador, del mismo modo que los creyentes tesalonicenses habían oído acerca de él en boca de Pablo (2 Ts. 2:1-12).[5]

El propósito de Juan era el de advertir a sus hermanos y hermanas en Cristo sobre los falsos maestros de su tiempo, que venían en el espíritu del anticristo y manifestaban su hostilidad hacia el Cristo verdadero. En las epístolas que escribió Juan, su interés primordial era el error doctrinal que suponía negar la persona de Jesucristo. Juan afirmó que incluso en sus propios tiempos habían aparecido muchos "anticristos" (falsos maestros) que negaban al Cristo genuino, engañando a muchos. Y esos anticristos fueron de los primeros en fomentar la filosofía del anticristo que Satanás ya estaba introduciendo (1 Jn. 4:3; 2 Ts. 2:7).

Hoy día va en aumento el número de personas que niegan la existencia de un anticristo futuro e individual. Hank Hanegraaff, presidente del CRI (Christian Research Institute [Instituto cristiano de investigaciones]), representa este punto de vista, negando el concepto de un anticristo futuro e individual. Dice: "Juan no reservó el título 'anticristo' para un individuo concreto; más bien enseñó que todo aquel que niegue la encarnación, el papel mesiánico o la deidad de Jesús es el anticristo".[6]

El preterista Gary DeMar respalda esta misma idea, y dice: "Ninguna de las afirmaciones de Juan tiene relación con la doctrina moderna del anticristo tal como la expone LaHaye y muchos otros escritores sobre profecía".[7] Añade: "Según la Biblia, el anticristo no es un individuo único".[8] También sostiene: "Sin embargo, no podemos llegar a esta conclusión mediante el estudio de la descripción bíblica que hace Juan sobre el anticristo".[9]

Estas aseveraciones dogmáticas de que las afirmaciones de Juan no se pueden entender como referidas a un anticristo individual y personal son contrarias a lo que escribió Juan en la Biblia. Podemos ver en 1 Juan 2:18 que Juan se refirió al "anticristo" (*antichristos*, singular) que vendría en el futuro, y a los "anticristos" (*antichristoi*, plural) que ya estaban presentes.[10] El uso que hace Juan del singular cuando habla del anticristo contrasta radicalmente con el plural "anticristos", y denota claramente que apunta a un individuo concreto. Al usar tanto la forma singular como la plural en 1 Juan 2:18, Juan enseñó acerca de los anticristos plurales y los falsos maestros de su tiempo, que encarnaban el espíritu contradictorio y engañador del anticristo singular y futuro. Los anticristos plurales eran precursores del anticristo singular, y constituían una evidencia poderosa de que su espíritu ya obraba en el mundo.[11]

El maestro bíblico y comentarista James Montgomery Boice representa este punto de vista prácticamente universal. Boice dijo: "[Juan] sostiene que el espíritu que caracterizará al anticristo final ya obra en aquellos que han abandonado recientemente las congregaciones de sus lectores. El anticristo futuro será un sustituto de Cristo, y se parecerá tanto a Jesús como le sea posible a un instrumento de Satanás".[12] El famoso experto en Nuevo Testamento F. F. Bruce está de acuerdo. "Juan tenía el mismo punto de vista. Él y sus lectores sabían que el anticristo vendría, y en los falsos maestros discernía a los agentes del anticristo, o al menos a sus precursores, que compartían su naturaleza tan plenamente que se les podía llamar 'muchos anticristos'".[13] Kim Riddlebarger respalda esta opinión consensuada:

> Creo que la iglesia se ha enfrentado a una serie de anticristos desde los tiempos de los apóstoles, y que esta serie de anticristos culminará con la aparición del anticristo inmediatamente después del regreso de Jesucristo al final del los tiempos. Esta aparición futura del anticristo refleja el hecho de que es un falso Mesías por excelencia, que imita la obra de Cristo. Igual que Cristo murió, fue resucitado de los muertos y regresará, también el anticristo tiene su propia muerte, resurrección y segunda venida, destinadas todas ellas a imitar la redención que garantizó Cristo, de modo que la adoración del mundo se concentre en su señor, el dragón.[14]

En otras palabras, Juan miraba más allá de los numerosos anticristos menores hacia el anticristo máximo, que culminará la manifestación del sistema impío que niega a Cristo y engañará a los hombres. No nos equivoquemos: la Biblia enseña que se acerca un anticristo último, final e individual.

¿Qué es el "espíritu" del anticristo?

Parte de la confusión sobre el anticristo venidero surge del hecho de que en el Nuevo Testamento el término "anticristo" se aplica tanto al individuo como al sistema maligno que representa. Como ya hemos visto, el término "anticristo" aparece solo cinco veces en el Nuevo Testamento, y las cinco se encuentran en las epístolas de Juan.

Una mirada más cercana de 1 Juan 4:1-3 nos ayuda a despejar parte de esta confusión. Allí leemos: "Amados, no creáis a todo espíritu, sino probad los espíritus si son de Dios; porque muchos falsos profetas han salido por el mundo. En esto conoced el Espíritu de Dios: Todo espíritu que confiesa que Jesucristo ha venido en carne, es de Dios; y todo espíritu que no confiesa que Jesucristo ha venido en carne, no es de Dios; y este es el espíritu del anticristo, el cual vosotros habéis oído que viene, y que ahora ya está en el mundo".

Según este pasaje, cuando Juan escribió esta epístola a finales del siglo I d. C., los receptores no solo sabían que se acercaba el espíritu del anticristo, sino que "ya estaba en el mundo". Por eso Juan llamó al pueblo de Dios a "probar los espíritus si son de Dios; porque muchos falsos profetas han salido por el mundo". Aquellos eran los falsos maestros itinerantes de su época, que no reconocían ni confesaban que Jesús vino de Dios. Esto nos da una pista sobre el significado del "espíritu del anticristo". En su sentido más amplio, "el espíritu del anticristo" es una expresión de impiedad y de rebelión inspiradas por Satanás contra Dios, las cosas de Dios y su pueblo. Es el espíritu anti-cristiano que obra febrilmente para oponerse, socavar, negar, tergiversar, distorsionar y rechazar la verdad sobre Jesucristo.

Algunos piensan que en realidad "el espíritu del anticristo" es el propio Satanás, que es la persona real detrás de todas estas cosas y que será la fuerza que respalde al anticristo final cuando se manifieste. En cualquier caso, el espíritu del anticristo está vivito y coleando. Como destaca el maestro de profecía Ed Hindson: "Los escritores del Nuevo Testamento nos aseguran que el espíritu del anticristo estaba activo en sus tiempos, hace más de veinte siglos. Ha seguido estándolo durante toda la historia de la iglesia, expresándose en persecuciones, herejías, engaños espirituales, falsos profetas y religiones espurias. Satanás ha combatido con la iglesia en todos los momentos de su larga historia, esperando el momento propicio para habitar en la persona correcta, el anticristo, su obra maestra final".[15]

El mismo "espíritu" del anticristo se define como "el misterio de la iniquidad" en 2 Tesalonicenses 2:7, que dice: "Porque ya está en acción el misterio de la iniquidad; sólo que hay quien al presente lo detiene, hasta que él a su vez sea quitado de en medio". El hombre de pecado en 2 Tesalonicenses 2:3 aún no ha sido revelado, pero el misterio de la iniquidad está en marcha. El término "misterio" en este pasaje (y en el Nuevo Testamento) no se refiere a algo misterioso como pensamos a menudo hoy, sino más bien a algo que estaba oculto previamente y era desconocido para el hombre, y que ahora Dios ha revelado (Ro. 16:26; Ef. 1:9; 3:3-5; Col. 1:25-27). El misterio queda manifiesto gracias a la revelación divina. En 2 Tesalonicenses 2:7, el misterio es la impiedad que encarna el anticristo. Es su programa anti-ley, anti-Cristo, anti-Dios. Antes de que se manifieste abiertamente el siniestro anticristo, el espíritu de la iniquidad que dominará su carrera ya estará obrando en secreto, "por debajo del radar". Los escritores del Nuevo Testamento estaban convencidos de que ya había comenzado la batalla entre Cristo y el anticristo.

El espíritu del anticristo, el misterio de la iniquidad que vemos obrando a nuestro alrededor, no es más que un débil presagio de lo que inundará el mundo cuando lo invada la manifestación plena y destructiva de este espíritu de rebelión contra Dios, dirigido por su encarnación definitiva: el anticristo.

¿Cómo será?

Apocalipsis 12 es un capítulo clave en el drama de los últimos tiempos. Es un capítulo muy simbólico. Mientras que todo Apocalipsis presenta símbolos vívidos que retratan gráficamente los personajes y los sucesos de los últimos tiempos, se ha señalado que

Apocalipsis 12 es el capítulo más simbólico del que es el libro más simbólico de toda la Biblia. En este capítulo, a Satanás se le retrata como un gran dragón escarlata expulsado del cielo como resultado de una gran guerra cósmica. Apocalipsis 12 concluye diciendo que "el dragón se llenó de ira", y el capítulo 13 comienza diciendo: "Me paré sobre la arena del mar, y vi subir del mar una bestia".

La escena es dramática. Satanás, el dragón furioso, se planta en la playa, seguramente una referencia al mar Mediterráneo, llamando a la "bestia" o anticristo del mar de las naciones, de modo que Satanás pueda introducirse en él y poner en marcha del todo su programa para el dominio del mundo. Apocalipsis 13 describe con gran detalle al gobernante mundial venidero. Buena parte de lo que se revela sobre el anticristo en ese capítulo y en Apocalipsis 17 se basa en lo que el profeta Daniel escribió sobre él en el Antiguo Testamento, y lo amplía. Con la ayuda de Daniel y de Apocalipsis, podemos desarrollar un perfil de personalidad o un retrato de este gobernante mundial último. Será uno de los líderes más poderosos y populares que haya conocido este mundo. A. W. Pink escribió:

> Durante seis mil años Satanás ha tenido todas las oportunidades para estudiar la naturaleza humana caída, para descubrir sus puntos más débiles, y para aprender cómo inducir mejor al ser humano a hacer su voluntad. El diablo sabe muy bien cómo encandilar a las personas con la atracción del poder... Sabe cómo gratificar el deseo de conocimiento... puede deleitar el oído con una música melodiosa de belleza hipnotizadora... Sabe cómo exaltar a los hombres hasta las alturas vertiginosas de la grandeza y la fama terrenales, y cómo controlar esa grandeza para que se pueda emplear contra Dios y su pueblo.[16]

El comentarista bíblico John Phillips nos ofrece esta descripción inquietante:

> Cuando se manifieste, el mundo experimentará un regocijo delirante. Será la respuesta aparente a todas sus necesidades. Estará lleno de toda la plenitud de Satanás. Atractivo físicamente, con una personalidad encantadora, atrayente, temeraria; será un genio, que se sentirá muy cómodo en todas las disciplinas científicas, valiente como un león, y envuelto en un aire de misterio que cautivará la imaginación o helará la sangre en las venas, según convenga a la ocasión; un conversador brillante en numerosos idiomas, un orador que cautivará las almas; será el ídolo de toda la humanidad.[17]

Veamos algunas de las características del anticristo que Satanás empleará para deslumbrar y complacer al mundo:

1. Será un genio intelectual (Dn. 8:23)

Arrollará y cautivará al mundo con su intelecto sobrehumano y sus poderes de percepción. Obviamente, una persona que puede someter a todo el mundo a su hechizo y convencer rápidamente a los diez líderes del Imperio Romano reunificado (el G-10) para que le otorguen el control absoluto debe tener una capacidad intelectual que exceda con mucho a las de los hombres normales.

2. Será un genio de la oratoria (Dn. 7:8, 11; 11:36; Ap. 13:5)

Todo el mundo se verá cautivado por el hechizo hipnótico de sus palabras. Una y otra vez los pasajes bíblicos sobre el anticristo se centran en su boca que habla grandes cosas; es decir, en su gran capacidad oratoria. Cuando hable, todo el mundo le escuchará. Como dijo A. W. Pink:

> Así sucederá con este osado impostor: tendrá una boca que hablará grandes cosas. Tendrá un dominio perfecto del lenguaje. Su oratoria no obtendrá solo atención, sino también respeto. Apocalipsis 13:2 declara que su boca es "como la de un

león", que es una expresión simbólica que habla de la majestad y del temor reverente que provocará su voz. La voz del león supera a la de cualquier otro animal. De modo que el anticristo superará a todos los oradores, tanto del pasado como del presente.[18]

3. Será un genio político (Dn. 9:27; Ap. 17:11-12)

El anticristo surgirá de un trasfondo relativamente discreto para tomar por asalto la escena política mundial. Cuando acceda al escenario político por primera vez no hará una entrada espectacular ni llamará mucho la atención. Empezará sin aspavientos, como un cuerno "pequeño" entre los diez cuernos de un Imperio Romano reunificado. Ascenderá rápidamente por la jerarquía y será elegido por el grupo de diez para que gobierne el Imperio Romano (Ap. 17:13). Será el unificador y diplomático consumado. Todo el mundo lo querrá. Asumirá el poder mediante la astucia de su diplomacia. Su plataforma será la paz y la prosperidad. Presentándose con una rama de olivo en la mano, hará que fuerzas opuestas se alíen sin dificultad. En su política se harán realidad todos los sueños de las Naciones Unidas. Incluso resolverá temporalmente el punto muerto político que es Oriente Medio, lo cual es posible que le confiera galardones como el premio Nobel o ser nombrado "hombre del año" por la revista *Time*. Daniel 9:27 revela que traerá una paz tan grande a Oriente Medio que el área del templo de Jerusalén volverá a manos judías. Sin duda será alabado como el mayor pacificador que haya visto el mundo.

4. Será un genio de la economía (Dn. 11:43; Ap. 13:16-17)

El anticristo será el director general satánico de la economía mundial. Fijará los tipos de interés, los precios, el valor de la Bolsa y la oferta y la demanda. Bajo su liderazgo, todo será nacionalizado o internacionalizado bajo su control personal. Debido al caos provocado por el arrebatamiento y al colapso de la economía mundial, como se predice en Apocalipsis 13:5-6, las personas estarán dispuestas a conceder todo el poder a un solo hombre. De una forma parecida a como los alemanes se volvieron a Hitler tras una época de inflación descontrolada, en la Alemania de Weimar, el mundo correrá al anticristo en busca de respuestas a los inmensos problemas que padecerá. Según Apocalipsis 13:16-17, desde el punto medio de la tribulación hasta la segunda venida de Cristo, nadie podrá comprar o vender sin permiso del anticristo. Las personas de todo el mundo se verán obligadas a ponerse su marca. Su economía global la dirigirá su secuaz, el falso profeta, al que conoceremos en el capítulo siguiente.

5. Será un genio militar (Ap. 6:2; 13:2)

A mediados de la tribulación, el anticristo se quitará la máscara y cambiará la rama de olivo por la espada. Subyugará al mundo entero. La grandeza de Alejandro y de Napoleón no será nada comparada con la suya. Nadie podrá interponerse en su conquista. Aplastará a todo y a todos delante de él. Será el último gran César que gobernará la forma última del Imperio Romano. En Daniel 11:40-44 se describe un poco su expansión militar inicial y su éxito imparable:

> Pero al cabo del tiempo el rey del sur contenderá con él; y el rey del norte se levantará contra él como una tempestad, con carros y gente de a caballo, y muchas naves; y entrará por las tierras, e inundará, y pasará. Entrará a la tierra gloriosa, y muchas provincias caerán; mas éstas escaparán de su mano: Edom y Moab, y la mayoría de los hijos de Amón. Extenderá su mano contra las tierras, y no escapará el país de Egipto. Y se apoderará de los tesoros de oro y plata, y de todas las cosas preciosas de Egipto; y los de Libia y Etiopía le seguirán. Pero noticias del oriente y del norte lo atemorizarán, y saldrá con gran ira para destruir y matar a muchos.

Apocalipsis 13:4 expresa sucintamente este poderío bélico: "¿Quién como la bestia, y quién podrá luchar contra ella?".

6. Será un genio religioso (2 Ts. 2:4; Ap. 13:8)

El prodigio de Satanás podrá hacer lo que nunca ha logrado hacer ningún otro líder religioso. Hará lo que ni Mahoma, ni Buda, ni ningún papa ha podido hacer jamás: unir al mundo en la adoración. Todas las religiones del mundo se aglomerarán en la adoración de un solo hombre.

¡Piense el grado de genialidad, de poder y de engaño que será necesario para conseguir algo así! La religión es una de las grandes cosas que dividen a las personas. Cuando usted era pequeño, quizá sus padres le dijeran que no hablase de religión o de política con otras personas, porque a menudo para los demás estas cuestiones son sensibles, y es fácil que se irriten y se frustren al hablar del tema. La religión es con frecuencia un elemento separador de las personas. Pero un día eso cambiará. Y como el mundo busca cada vez más un gran líder, un mesías, un salvador para resolver las situaciones tan graves a las que nos enfrentamos hoy, también estará receptivo a la idea de adorar a esa persona.

Para ayudarnos a entender mejor cómo será el anticristo, H. L. Willmington nos ha ofrecido esta analogía útil con los presidentes de Estados Unidos. El gobernante mundial futuro poseerá…

El liderazgo de un Washington y de un Lincoln

La elocuencia de un Franklin Roosevelt

El encanto de un Teddy Roosevelt

El carisma de un Kennedy

La popularidad de un Dwight D. Eisenhower

La sabiduría política de un Johnson

El intelecto de un Jefferson[19]

John Phillips describió de este modo al anticristo:

> El anticristo será una figura atractiva y carismática, un genio, un encantador de hombres, controlado por demonios e instruido por el diablo. Tendrá respuestas para los terribles problemas de la humanidad. Será todo para todos: un estadista político, un león social, un mago de las finanzas, un gigante intelectual, un engañador religioso, un orador magistral, un organizador con talento. Será la obra maestra de Satanás en cuanto al engaño, el falso mesías del mundo. Las masas le seguirán con un entusiasmo ilimitado, y le entronizarán en sus corazones como salvador y dios del mundo.[20]

¿Será judío o gentil?

Uno de mis amigos que antes trabajó con un pastor reconocido me dijo que, un domingo hace años, ese predicador dio un mensaje donde enseñaba que el anticristo será de origen judío. Sin embargo, durante un estudio posterior a la semana siguiente cambió de opinión y expuso otro sermón en el que presentaba al anticristo como gentil. No sé si esta historia es cierta o no, dado que no estuve presente, pero subraya el hecho de que existen argumentos persuasivos por ambas partes sobre este punto básico relativo al anticristo. Sin duda esta es una de las cuestiones más formuladas y debatidas sobre el hombre de pecado venidero. En el meollo de este debate está la duda de cómo debemos interpretar el prefijo *anti* en el término anticristo. Si *anti* significa que este individuo se opondrá a Cristo como gobernador del mundo gentil, entonces seguramente será gentil. Sin embargo, hay muchos que dicen que si *anti* significa que intentará ocupar el lugar de Cristo como falso mesías, esto hace más probable que se trate de un judío.

En un momento tan remoto como el siglo II d. C. los eruditos ya debatían esta cuestión. Ireneo (120-202) creía que el anticristo sería un judío de la tribu de Dan. Basaba su conclusión en Jeremías

8:16 y en el hecho de que la tribu de Dan no se mencione en la lista de tribus de Israel que aparece en Apocalipsis 7:4-8. No obstante, no se nos dice por qué se omite la tribu de Dan en esta lista. La mejor explicación posible que conozco es que Dan fue la primera tribu que cayó en la adoración idólatra.[21] Hay algunos que piensan que la profecía de Jacob relativa a Dan (en Gn. 49:17) podría darnos una pista: "Será Dan serpiente junto al camino, víbora junto a la senda, que muerde los talones del caballo, y hace caer hacia atrás al jinete". El vínculo entre Dan y esta serpiente se interpreta, de alguna manera, como si tuviera algo que ver con Satanás, y esto se relaciona con lo que dice Apocalipsis 13 sobre el anticristo. La opinión predominante de la iglesia primitiva durante las últimas décadas del siglo II d. C. era que el anticristo sería un falso mesías judío de la tribu de Dan. Este paradigma lo sostuvo más tarde también Jerónimo (331-420 d. C.).

Otro pasaje bíblico concreto que se usa a menudo para respaldar la opinión de que el anticristo es de origen judío es la versión Reina-Valera de 1960 de Daniel 11:37: "Del Dios de sus padres no hará caso...". El argumento descansa sobre la expresión "Dios de sus padres". Quienes sostienen que el anticristo será judío creen que este rechazo del "Dios de sus padres" demuestra su condición de judío. Sin embargo, esta afirmación también se podría aplicar a un gentil cuyos padres fueran seguidores del cristianismo. Además, en 1 Juan 2:18-19, donde aparece el título "anticristo", el término hace referencia a la apostasía del cristianismo, no del judaísmo. Por tanto, lo único que podemos deducir de Daniel 11:37 es que el anticristo rechazará por completo la religión que practicaron sus ancestros.

Además, en la mayoría de las traducciones bíblicas modernas (incluyendo la NVI, NTV, LBLA y RVC), el término "Dios" (hebreo = *elohim*) se traduce en la forma plural, "dioses". Como observa el comentarista Arnold Fruchtenbaum: "Dentro del contexto general, Daniel 11:36-39, el vocablo *dios* se usa un total de ocho veces. En el texto hebreo, seis de esas veces aparece en singular y dos en plural, una de las cuales es la expresión que leemos en el versículo 37. El propio hecho de que la forma plural de 'dios' se use en un contexto en el que aparece el singular en la mayoría de los casos hace referencia a las deidades paganas, no al Dios de Israel".[22] Aparte de esto, en la Septuaginta, que es la traducción griega más temprana conocida del Antiguo Testamento hebreo, la traducción dice "dioses". Esto es coherente con el texto hebreo original.[23]

Por consiguiente, tanto si usted sigue la traducción de la Reina-Valera de 1960 como la de otras versiones más modernas, está claro que el versículo clave que usan quienes creen que el anticristo será judío dista mucho de ser concluyente. De hecho, por el contrario, la Biblia enseña claramente que el anticristo venidero será gentil. Su origen gentil puede vincularse con cuatro ideas principales.

Primero, la tipología bíblica señala al origen gentil del anticristo. La única persona histórica a la que se identifica específicamente como "tipo" o precursor de la persona y obra del anticristo es Antíoco Epífanes, que fue un monarca gentil, sirio, en el siglo II a. C. A Antíoco se le ha llamado, correctamente, "el anticristo del Antiguo Testamento". Si el tipo del anticristo fue un gentil, entonces la consecuencia es que él también lo será.

Segundo, el apóstol Juan describe simbólicamente el origen de la bestia o anticristo en Apocalipsis 13:1: "Vi subir del mar una bestia". El sustantivo "mar", cuando se usa simbólicamente en el libro de Apocalipsis y en el resto de las Escrituras, es una referencia a las naciones gentiles. Esto se confirma en Apocalipsis 17:15, donde leemos que "las aguas que has visto… son pueblos, muchedumbres, naciones y lenguas". Sin embargo, el uso de la palabra "mar" también podría referirse al abismo o a lo profundo (11:7; 17:8). Si esto es así, la afirmación de que esta bestia surge del mar puede describir su origen satánico, demoníaco, del inframundo.

Tercero, en las Escrituras se presenta al anticristo como el gobernante final del poderío gentil. Su reino señala la última fase de "los tiempos de los gentiles" y su gobierno sobre Israel (Lc. 21:24). Se sentará en el trono del imperio mundial último, que agitará su puño contra el rostro de Dios. No es lógico que sea un judío quien se levante como el último gobernante mundial sobre los poderes gentiles.

En cuarto lugar, entre las actividades primarias del anticristo estará la persecución del pueblo judío, la invasión de Israel y la profanación del templo judío reconstruido (Dn. 7:25; 9:27; 11:41, 45; 2 Ts. 2:4; Ap. 11:2; 12:6; 13:7). Es muy improbable, si no imposible, que un judío sea el gran perseguidor final de su propio pueblo. Los gentiles siempre han liderado la persecución de los judíos.

Por estos motivos, creo que el anticristo será un gentil.

¿Será la encarnación de Satanás?

Las Escrituras presentan al anticristo como una parodia absoluta, como una falsificación del verdadero Cristo. Es el *alter ego* de Cristo. Dado que el anticristo es una parodia tan grande de Cristo, ¿es posible que también sea el producto de un "nacimiento virginal" fraudulento, y que sea el hijo de Satanás, es decir, su encarnación? Algunos estudiosos de las profecías bíblicas afirman que, de la misma manera que Cristo fue fruto de una madre humana y del Espíritu Santo (el Dios-hombre), el anticristo será el producto de una madre humana y el propio Satanás (el dios-hombre fraudulento o diablo-hombre). Esto era lo que pensaba Jerónimo en el siglo IV d. C. Enseñaba que, como hijo fraudulento, el anticristo tendría un origen sobrenatural: sería literalmente el hijo de Satanás. Hollywood aprovechó esta idea y la popularizó en películas como *La semilla del diablo* (1968) y *La profecía* (1976). En *La semilla del diablo*, una pareja de católicos romanos (interpretada por Mia Farrow y John Cassavetes) hace un pacto con el diablo. Como resultado, la mujer acaba dando a luz a Satanás encarnado. Es una película oscura e inquietante. ¿Existe algún fundamento bíblico para esta visión del anticristo como Satanás encarnado?

El respaldo escritural para este concepto lo encontramos, principalmente, en Génesis 3:15. Allí, el Señor maldijo a la serpiente y le dijo: "Y pondré enemistad entre ti y la mujer, y entre tu simiente y la simiente suya; ésta te herirá en la cabeza, y tú le herirás en el calcañar". En este pasaje, la descendencia de la mujer es una referencia clara al Mesías futuro, al libertador, que aplastaría la cabeza de la serpiente de una vez por todas. Pero fijémonos que aquí encontramos una referencia a "tu simiente", o la descendencia de Satanás, que será el adversario máximo de la descendencia de la mujer. Aquellos que sostienen un origen sobrenatural del anticristo, entienden Génesis 3:15 como la primera profecía sobre el Mesías venidero, así como la primera que habla del anticristo.

Si bien es posible que el anticristo tenga un origen sobrenatural, parece mejor entenderlo no como el hijo literal de Satanás, sino como un hombre totalmente controlado por el diablo. En los pasajes bíblicos que describen al anticristo se le presenta constantemente como un hombre. Por ejemplo, en 2 Tesalonicenses 2:9 leemos sobre la persona y la obra del anticristo venidero, "inicuo cuyo advenimiento es por obra de Satanás, con gran poder y señales y prodigios mentirosos". Al anticristo se le describe como un hombre maligno que contará con el apoyo del poder de Satanás para llevar a cabo su obra destructora.

Apocalipsis 13:4 dice que el dragón (Satanás) da autoridad a la bestia (el anticristo). Es decir, que el anticristo puede hacer lo que hace *no* porque sea descendiente de Satanás, sino porque éste le dota de poder como su instrumento humano, que ha elegido para gobernar el mundo.

Un hombre llamado Adso escribió alrededor del año 950 d. C. un libro titulado *Epístola sobre el origen y la vida del anticristo*. En esta obra refutó la opinión de muchos en su época, quienes decían que el anticristo nacerá de una virgen, y sostuvo que nacerá de la unión de un padre y una madre humanos. No obstante, Adso dijo que el anticristo "será concebido totalmente en pecado, generado en el pecado, nacido en pecado. El diablo entrará en el vientre de su madre en el mismo instante de la concepción. Será criado por el poder del diablo, y protegido en el vientre de su madre".

El punto de vista de Adso, que es el predominante en la historia de la iglesia, es muy coherente con el modo en que se describe al anticristo en la Biblia. Es debatible si Satanás entrará en el anticristo en el momento de la concepción, pero la idea principal sigue siendo esta: el anticristo será plenamente humano, pero estará poseído totalmente por Satanás.

¿Será un individuo resucitado del pasado?

Como ya hemos observado, el anticristo es la parodia absoluta o la falsificación del Cristo verdadero. Parte de la obra magistral de engaño de Satanás será una imitación del máximo acontecimiento del cristianismo: la muerte y la resurrección de Cristo. En el libro de Apocalipsis encontramos varios versículos que creo que se refieren a la muerte del anticristo y a su supuesta resurrección o vuelta a la vida.

Apocalipsis 13:3

> Vi una de sus cabezas como herida de muerte, pero su herida mortal fue sanada; y se maravilló toda la tierra en pos de la bestia.

Apocalipsis 13:12-14

> Y ejerce toda la autoridad de la primera bestia en presencia de ella, y hace que la tierra y los moradores de ella adoren a la primera bestia, cuya herida mortal fue sanada. También hace grandes señales, de tal manera que aun hace descender fuego del cielo a la tierra delante de los hombres. Y engaña a los moradores de la tierra con las señales que se le ha permitido hacer en presencia de la bestia, mandando a los moradores de la tierra que le hagan imagen a la bestia que tiene la herida de espada, y vivió.

Apocalipsis 17:8

> La bestia que has visto, era, y no es; y está para subir del abismo e ir a perdición; y los moradores de la tierra, aquellos cuyos nombres no están escritos desde la fundación del mundo en el libro de la vida, se asombrarán viendo la bestia que era y no es, y será.

Muchos interpretan estos pasajes como diciendo que el anticristo será una persona del pasado que será devuelta a la vida con el propósito de desempeñar el papel principal en el último drama de los tiempos. El maestro bíblico Lehman Strauss respalda este concepto:

> ¿Es posible que el anticristo sea un hombre que haya muerto y al que Satanás haya resucitado? Sí, es posible. La obra maestra del engaño de Satanás será una imitación astuta de Cristo... Si leemos cuidadosamente Apocalipsis 11:7; 17:8, 11 parece que la bestia va al lugar donde están los espíritus de los difuntos, y luego es sacada de aquel sitio. En Apocalipsis 17:8 se dicen de él cuatro cosas: "La bestia que has visto, *era*, y *no es*; y *está para subir del abismo* e *ir a perdición*". Esto indica que el anticristo ya ha estado antes en la Tierra.[24]

Se han adelantado muchas teorías respecto a la identidad de este individuo resucitado. En una conferencia en la que participé no hace mucho tiempo, un hombre se me acercó y me expuso prolijamente por qué cree que Antíoco Epífanes será devuelto a la vida en calidad de anticristo. El Antiguo Testamento usa a Antíoco como un tipo del anticristo, y lo asocia estrechamente con la abominación desoladora. Aquel hombre tenía diversos motivos para pensar que Antíoco era la persona responsable de la abominación desoladora originaria, y que el anticristo repetirá este acto de profanación. Uno de sus puntos clave era que Antíoco fue asesinado por una herida letal, y el libro de Apocalipsis dice que eso le sucederá al anticristo. Sin embargo, un problema de este punto de vista es que, según el historiador judío Josefo, Antíoco padeció una muerte dolorosa debido a una terrible enfermedad intestinal (*Antigüedades de los judíos*, 12.9.1). Este hecho lo confirma el libro apócrifo 2 Macabeos 9:5-28. La idea de que Antíoco Epífanes sea devuelto a la vida tras morir a consecuencia de una herida en la cabeza no está confirmada por la historia o por las Escrituras.

Otro candidato histórico que se ha sugerido para la perspectiva del anticristo resucitado es el emperador romano Nerón. En la iglesia primitiva había una teoría bastante extendida relativa a la identidad del anticristo, que decía que se trataba de *Nero redivivus*, es decir, que el anticristo sería Nerón resucitado, devuelto a la vida. Nerón se suicidó en el año 68 d. C., y durante los dos años siguientes apareció una serie de impostores que pretendían ser Nerón resucitado. En el año 88, en Partia hubo un destacado impostor de Nerón. Sin embargo, a pesar de la popularidad de esta teoría, sobre todo durante los años posteriores a la muerte de Nerón, no existe base bíblica para creer que el anticristo será Nerón devuelto a la vida para realizar una última actuación.

Otra teoría popular dice que el anticristo será Judas Iscariote sacado de la tumba.[25] Los defensores de esta teoría, con ánimo de respaldarla, sacan a colación algunos pasajes bíblicos. Lucas 22:3 dice que "entró Satanás en Judas, por sobrenombre Iscariote". Juan 6:70-71 dice algo incluso más tremendo. Allí leemos: "Jesús les respondió: ¿No os he escogido yo a vosotros los doce, y uno de vosotros es diablo? Hablaba de Judas Iscariote, hijo de Simón; porque éste era el que le iba a entregar, y era uno de los doce". Judas es el único hombre al que Jesús llamó "diablo" (*diabolos*) en su vida.

En Juan 17:12, nuestro Señor se refirió a Judas Iscariote como "el hijo de perdición" o "aquel que nació para perderse" (NVI). El único otro texto en el que se usa este título en el Nuevo Testamento es 2 Tesalonicenses 2:3 ("el hijo de perdición"), en referencia al anticristo. Hechos 1:25 afirma que cuando Judas murió fue "a su propio lugar". Algunos interpretan esto como si Judas tras su muerte hubiera ido a un lugar especial, donde ahora espera el momento en que volverá a la vida como anticristo. Hechos 1:25 se correlaciona entonces con Apocalipsis 17:8, y a ese lugar especial se le identifica normalmente con "el abismo" o el pozo sin fondo. Apocalipsis 17:8 dice: "La bestia que has visto, era, y no es; y está para subir del abismo e ir a perdición".

Si bien es posible que el anticristo sea Nerón, Judas Iscariote o cualquier otro individuo malvado del pasado vuelto a la vida, la Biblia nunca identifica claramente a ningún personaje del pasado como anticristo futuro. Para explicar el lenguaje de Apocalipsis 13 y 17 no es necesario recurrir a un individuo *pasado* que sea resucitado en el futuro. Más bien parece mejor entender el anticristo como un individuo *futuro* que morirá y luego volverá a la vida.

¿Qué otros nombres y títulos tendrá?

Sin duda, el título que más usan los cristianos con referencia al gobernador mundial de los últimos tiempos es *anticristo.* Es el mismo título con el que están familiarizados hoy incluso los no cristianos. Pero no es el único término que emplea la Biblia para hablar de él. No debería sorprendernos que se le atribuyan otros nombres y títulos. De la misma manera que al Señor Jesucristo se le conoce por distintos nombres y títulos en las Escrituras, aquel que vendrá a imitar a Cristo y a oponerse a Él también recibe diversos calificativos. A. W. Pink dijo:

> Solo cuando hacemos un estudio exhaustivo de los diversos y numerosos nombres y títulos del Señor Jesucristo estamos en posición de apreciar su excelencia infinita y las incontables relaciones que Él sustenta. Desde un punto de vista opuesto, lo mismo podemos decir del anticristo. Cuando prestamos una

atención cuidadosa a los diversos nombres y títulos que se le dan, descubrimos qué definición más maravillosamente completa nos ha proporcionado el Espíritu Santo de la persona, el carácter y la carrera de este monstruo de maldad.[26]

También, Satanás, aquel que habitará en el anticristo y le inspirará, tiene muchos nombres y títulos diferentes en las Escrituras: diablo, Lucifer, el dragón, la serpiente, el león rugiente, ángel de luz, el príncipe de la potestad del aire, el dios de este siglo, el príncipe de este mundo, el maligno y el tentador. No debería extrañarnos que el anticristo tenga también diversos títulos. Veamos los diez "apodos" más importantes para el anticristo venidero, sobrenombres que nos ayudan a dibujar un retrato compuesto de los diversos aspectos de su obra y de su carácter.[27]

Los títulos del anticristo

1. El cuerno pequeño

Mientras yo contemplaba los cuernos, he aquí que otro cuerno pequeño salía entre ellos, y delante de él fueron arrancados tres cuernos de los primeros; y he aquí que este cuerno tenía ojos como de hombre, y una boca que hablaba grandes cosas (Dn. 7:8).

2. Un rey, altivo y entendido en enigmas

Y al fin del reinado de éstos, cuando los transgresores lleguen al colmo, se levantará un rey altivo de rostro y entendido en enigmas. Y su poder se fortalecerá, mas no con fuerza propia; y causará grandes ruinas, y prosperará, y hará arbitrariamente, y destruirá a los fuertes y al pueblo de los santos. Con su sagacidad hará prosperar el engaño en su mano; y en su corazón se engrandecerá, y sin aviso destruirá a muchos; y se levantará contra el Príncipe de los príncipes, pero será quebrantado, aunque no por mano humana (Dn. 8:23-25).

3. El príncipe que ha de venir

Y después de las sesenta y dos semanas se quitará la vida al Mesías, mas no por sí; y el pueblo de un príncipe que ha de venir destruirá la ciudad y el santuario; y su fin será con inundación, y hasta el fin de la guerra durarán las devastaciones (Dn. 9:26).

4. El desolador

Y por otra semana confirmará el pacto con muchos; a la mitad de la semana hará cesar el sacrificio y la ofrenda. Después con la muchedumbre de las abominaciones vendrá el desolador, hasta que venga la consumación, y lo que está determinado se derrame sobre el desolador (Dn. 9:27).

5. El rey que hará su voluntad

Y el rey hará su voluntad, y se ensoberbecerá, y se engrandecerá sobre todo dios; y contra el Dios de los dioses hablará maravillas, y prosperará, hasta que sea consumada la ira; porque lo determinado se cumplirá. Del Dios de sus padres no hará caso, ni del amor de las mujeres; ni respetará a dios alguno, porque sobre todo se engrandecerá. Mas honrará en su lugar al dios de las fortalezas, dios que sus padres no conocieron; lo honrará con oro y plata, con piedras preciosas y con cosas de gran precio. Con un dios ajeno se hará de las fortalezas más inexpugnables, y colmará de honores a los que le reconozcan, y por precio repartirá la tierra.

Pero al cabo del tiempo el rey del sur contenderá con él; y el rey del norte se levantará contra él como una tempestad, con carros y gente de a caballo, y muchas naves; y entrará por las tierras, e inundará, y pasará. Entrará a la tierra gloriosa, y muchas provincias caerán; mas éstas escaparán de su mano:

Edom y Moab, y la mayoría de los hijos de Amón. Extenderá su mano contra las tierras, y no escapará el país de Egipto. Y se apoderará de los tesoros de oro y plata, y de todas las cosas preciosas de Egipto; y los de Libia y de Etiopía le seguirán. Pero noticias del oriente y del norte lo atemorizarán, y saldrá con gran ira para destruir y matar a muchos. Y plantará las tiendas de su palacio entre los mares y el monte glorioso y santo; mas llegará a su fin, y no tendrá quien le ayude (Dn. 11:36-45).

6. *El pastor insensato*

Y me dijo Jehová: Toma aún los aperos de un pastor insensato; porque he aquí, yo levanto en la tierra a un pastor que no visitará las perdidas, ni buscará la pequeña, ni curará la perniquebrada, ni llevará la cansada a cuestas, sino que comerá la carne de la gorda, y romperá sus pezuñas. ¡Ay del pastor inútil que abandona el ganado! Hiera la espada su brazo, y su ojo derecho; del todo se secará su brazo, y su ojo derecho será enteramente oscurecido (Zac. 11:15-17).

7. *El hijo de perdición*

Nadie os engañe en ninguna manera; porque no vendrá sin que antes venga la apostasía, y se manifieste el hombre de pecado, el hijo de perdición (2 Ts. 2:3).

8. *El inicuo*

Y entonces se manifestará aquel inicuo, a quien el Señor matará con el espíritu de su boca, y destruirá con el resplandor de su venida (2 Ts. 2:8).

9. *El jinete del caballo blanco*

Y miré, y he aquí un caballo blanco; y el que lo montaba tenía un arco; y le fue dada una corona, y salió venciendo, y para vencer (Ap. 6:2).

10. La bestia que salió del mar

> Me paré sobre la arena del mar, y vi subir del mar una bestia que tenía siete cabezas y diez cuernos; y en sus cuernos diez diademas; y sobre sus cabezas, un nombre blasfemo. Y la bestia que vi era semejante a un leopardo, y sus pies como de oso, y su boca como boca de león. Y el dragón le dio su poder y su trono, y grande autoridad (Ap. 13:1-2).

Estos títulos dejan poco trabajo a la imaginación. El gobernante mundial último será un superhombre satánico.

¿Será homosexual?

Es posible que, al leer esta pregunta, haya pensado: ¿De dónde sale esta pregunta? ¿Es que otras personas la han formulado? La respuesta es que sí. Me lo han preguntado muchas veces, y es un tema que ha aparecido en mis libros sobre los últimos tiempos. El fundamento de esta pregunta se encuentra en la traducción que hace la versión Reina-Valera de 1960 de Daniel 11:37. Dice que el anticristo venidero "no hará caso… del amor de las mujeres". Muchos estudiosos de la profecía bíblica han interpretado estas palabras como diciendo que el anticristo será homosexual. Creen que, en su condición de ser humano totalmente controlado por Satanás, el anticristo vivirá en completa desobediencia a Dios en todas las áreas de la vida, incluyendo su orientación sexual. El anticristo se entiende como un ser sucio, pervertido sexualmente y profano.

Aunque es posible interpretar de esta manera Daniel 11:37, fijémonos que el versículo solo dice explícitamente que el anticristo no sentirá un deseo normal hacia las mujeres, no que sentirá deseo por los hombres.

La expresión "el amor de las mujeres" de Daniel 11:37 se ha entendido de varias maneras. Primero, algunos la consideran una referencia al Mesías. Esto se debe a que en la antigua Israel todas las judías sentían el deseo comprensible de ser la madre del Mesías prometido en Génesis 3:15. Hageo 2:7, que hace referencia al Mesías como "el deseado de las naciones", suele usarse para respaldar este punto de vista. Si uno adopta esta perspectiva, significa que el anticristo rechazará toda religión, y concretamente se opondrá a la esperanza mesiánica.

Otros interpretan este rechazo del deseo por las mujeres por parte del anticristo como una referencia a su carencia de todas las virtudes de las mujeres, como la amabilidad, el amor y la misericordia. Aunque este punto de vista también es posible, dentro del contexto de ese pasaje parece mejor comprender que su falta de deseo por las mujeres indica que el anticristo estará tan embriagado por el amor a su poder que este consumirá por entero cualquier otra pasión. Su dios será el del poderío militar. Daniel 11:38-39 nos ayuda a explicar el versículo 37:

> Mas honrará en su lugar al dios de las fortalezas, dios que sus padres no conocieron; lo honrará con oro y plata, con piedras preciosas y con cosas de gran precio. Con un dios ajeno se hará de las fortalezas más inexpugnables, y colmará de honores a los que le reconozcan, y por precio repartirá la tierra.

Independientemente de cómo entendamos la frase enigmática "el amor de las mujeres", no creo que deba usarse Daniel 11:37 para sugerir que el anticristo será homosexual. Más bien, ese personaje estará tan cautivado por el dios del poderío militar, de la conquista y del poder político que esta obsesión eclipsará cualquier deseo que pudiera sentir por las mujeres.

¿Cuál será la nacionalidad del anticristo?

Como puede imaginar, se ha especulado mucho sobre la nacionalidad o el origen nacional del anticristo. Es natural que la gente sienta curiosidad sobre su procedencia. Creo que surgirá de una confederación de naciones que, de alguna manera, se corresponderá con el Imperio Romano. Hay dos ideas principales que apoyan esta conclusión.

Primero, tanto en Daniel como en Apocalipsis al anticristo siempre se le asocia con la forma final del Imperio Romano. Para comprender esta conexión debemos remontarnos hasta hace unos 2500 años, a la época del profeta judío Daniel, a quien Dios concedió una revelación panorámica que constituía un despliegue de la historia mundial desde los tiempos de Daniel hasta la segunda venida de Jesucristo al planeta Tierra. La profecía atemporal de Daniel es tan relevante hoy como el día que se escribió. Hoy día suceden cosas que presagian este mensaje antiguo de una forma impactante.

Daniel escribió buena parte de su gran profecía a mediados del siglo VI a. C., cerca del final del exilio judío en Babilonia, que se había prolongado setenta años. Dios sabía que durante aquel periodo de disciplina, su pueblo se formularía todo tipo de preguntas sobre qué sucedería en el futuro. Sin duda se formulaban preguntas como: "¿Ha acabado Dios con nosotros? ¿Será fiel a su pacto con Abraham de darnos la tierra de Israel para siempre? ¿Se hará realidad alguna vez el reino mesiánico prometido a David? ¿Vendrá el Mesías a gobernar y a reinar sobre el mundo?".

En los capítulos 2 y 7 de Daniel, Dios animó a su pueblo y respondió a sus preguntas dándoles una visión panorámica del curso de la historia mundial. Dios quería que supieran que sus promesas eran firmes, y que mantendría su Palabra; que el reino prometido llegaría a Israel de verdad. Sin embargo, Dios también deseaba que su pueblo supiera que ese reino no vendría de inmediato. Antes de que llegase el Rey y su reino, habría cuatro grandes imperios que dominarían a Israel. Ahora que contamos con la ventaja de poder mirar atrás, sabemos que esos cuatro imperios fueron Babilonia, Medo-Persia, Grecia y Roma. En Daniel 2 estos cuatro imperios se representan como partes de una gran estatua metálica que el rey Nabucodonosor vio en un sueño. Cada parte de ella estaba elaboraba con un metal diferente:

La estatua metálica en Daniel 2

Cabeza de oro	Babilonia
Brazos de oro y pecho de plata	Medo-Persia
Vientre y muslos de bronce	Grecia
Piernas de hierro	Roma

Hasta este punto, prácticamente todo el mundo está de acuerdo sobre el significado del sueño de Nabucodonosor en Daniel 2. La discrepancia empieza cuando hablamos de la forma final del Imperio Romano, simbolizada por los pies y los diez dedos de hierro y barro cocido. Según Daniel 2:42-44, los diez dedos de la estatua representan a los diez reyes que gobernarán simultáneamente justo antes del regreso de Jesús a la tierra para establecer su reino.

En Daniel 7 se vuelven a reflejar estos mismos imperios mundiales, pero esta vez como cuatro bestias salvajes que Daniel vio surgir del mar Mediterráneo.

Las cuatro bestias de Daniel 7

León alado	Babilonia
Oso sediento de sangre	Medo-Persia
Leopardo con cuatro cabezas y dos alas	Grecia
Bestia temible	Roma

Igual que en Daniel 2, el número diez aparece en relación con el imperio final descrito en la visión. En Daniel 2, la estatua tenía diez dedos en los pies. En Daniel 7, la bestia terrible que simboliza la forma definitiva del Imperio Romano tiene diez cuernos (Dn. 7:7). La bestia se corresponde con las piernas de hierro de la estatua, y los diez cuernos se corresponden con los diez dedos de los pies. De modo que la última fase del Imperio Romano está representada por diez cuernos, que se identifican como diez reyes (Dn. 7:24). Muchos han interpretado estos diez cuernos y diez dedos como naciones o regiones en las que estará dividido el mundo durante los últimos tiempos. Pero Daniel 2:44 y 7:24 los identifican claramente como reyes o individuos que formarán cierto tipo de comité gobernante. Puede que esos diez líderes representen a varias naciones o grupos de naciones, pero la Biblia nunca lo dice concretamente. Lo que nos dice es que se unirán diez líderes para componer el Imperio Romano reunificado. Estos mismos diez líderes de los últimos tiempos son los que menciona el apóstol Juan en Apocalipsis 17:12-13, donde se les describe como "diez cuernos".

Algunos de los que leen Daniel 2 y 7 creen que los diez dedos y los diez cuernos ya forman parte de la historia pasada, que fueron parte del Imperio Romano histórico que fue destruido en el año 476 d. C. Sin embargo, la historia nos dice que el Imperio Romano nunca tuvo un gobierno de diez reyes, que es la forma política que nos exige Daniel 2 y 7. Además, de acuerdo con Daniel 2 y 7, la forma final del Imperio Romano experimentará una destrucción absoluta y repentina. Fijémonos en que la imagen de Daniel 2 será hecha trizas súbitamente, y que el polvo se lo llevará el viento. Pero la historia documenta que el Imperio Romano se fue deteriorando gradualmente hasta que la sección occidental del imperio desapareció en el año 476, mientras que la oriental perduró hasta 1453. Es difícil imaginar un proceso más gradual que este. El hecho de que el Imperio Romano fuera declinando lentamente durante un dilatado periodo de tiempo nos dice que la destrucción repentina profetizada en Daniel 2 aún no se ha cumplido.

El motivo principal para creer que el antiguo Imperio Romano revivirá algún día es el simple hecho de que la profecía exige que eso suceda. Las diversas profecías bíblicas que hablan de la última fase de este imperio no se han cumplido literalmente de la misma manera que lo han hecho las profecías sobre los imperios mundiales anteriores. Para quienes creen en la Biblia, las profecías sobre el futuro son tan auténticas como las que ya se han cumplido en la historia. Si todas las profecías de Daniel 2 y 7 se han cumplido literalmente, excepto aquellas relativas a la forma final del Imperio Romano, debemos pensar que aún debe surgir un Imperio Romano revivido que padecerá una destrucción rápida y total.

Según Daniel, este nuevo Imperio Romano surgirá antes de la venida de Cristo, y luego Cristo establecerá su reino sobre el mundo. Esta manifestación última del Imperio Romano adoptará la forma de una coalición o confederación de diez líderes mundiales (simbolizados por los diez dedos de Daniel 2 y los diez cuernos de Daniel 7), cuyas naciones ocuparán más o menos el mismo territorio que el Imperio Romano originario. Se nos dice que el cuerno pequeño de Daniel 7:8, que es el anticristo venidero, se alzará sobre esos diez reyes, lo cual vincula al anticristo con este Imperio Romano reunido. Por tanto, podemos ver que según la Biblia el anticristo procede de un grupo de naciones que se corresponden, de alguna manera, con las que formaban el antiguo Imperio Romano.

Una segunda idea principal a favor del origen romano del anticristo se encuentra también en el libro de Daniel. Por lo que sé, el único pasaje de las Escrituras que nos habla concluyentemente sobre la nacionalidad del anticristo es Daniel 9:26, que afirma que el anticristo ("el príncipe que ha de venir") tendrá la misma nacionalidad que el pueblo que destruyó el segundo templo judío en el año 70 d. C. Daniel 9:26 nos dice: "Y el pueblo de un príncipe que ha de venir [el anticristo] destruirá la ciudad y el santuario". Por supuesto, la historia nos dice que los romanos destruyeron el templo de Jerusalén. Por consiguiente, sabemos que el anticristo tendrá un origen romano. Esto no quiere decir necesariamente que será italiano, sino sencillamente que surgirá de algún punto dentro del Imperio Romano revivido. Esto sitúa su lugar de origen en Europa, Oriente Medio o el norte de África. La mayoría ha interpretado esto diciendo que el anticristo surgirá de una de las naciones europeas que formaron el núcleo del antiguo Imperio Romano, posiblemente incluso la propia Roma. Esto constituyó el meollo del Imperio Romano que existía en tiempos del apóstol Juan, cuando profetizó el surgimiento del anticristo a partir de una forma futura del Imperio Romano. Curiosamente, la película clásica *La profecía* retomó esta idea, y empieza con el nacimiento del anticristo en un hospital de Roma sumido en la penumbra. Un poema inquietante que encontramos en esta misma película refuerza la creencia de que el anticristo venidero saldrá de un Sacro Imperio Romano renacido.

Cuando examinamos el panorama global de hoy, vemos que hay un gran número de judíos que han regresado a Sion (Israel), y que el antiguo Imperio Romano renace ante nuestros ojos bajo la forma de la Comunidad Europea. Diversos países que antes formaron parte de lo que fue el antiguo Imperio Romano vuelven a reunirse, como los pies y los dedos de hierro y barro en Daniel 2. Estas naciones se reúnen formando un conglomerado de países fuertes y débiles que no se cohesionan muy bien (del mismo modo que le pasa al hierro con el barro), lo cual genera problemas internos. ¡Puede que la aparición del anticristo de esta amalgama no tarde mucho en ser una realidad!

¿Será musulmán, puede que incluso el Mahdi islámico?

Cada vez hay más maestros de profecía y escritores que afirman que el anticristo futuro, o gobernante mundial, será musulmán o que será una manifestación del mesías islámico (Mahdi). Dado el auge meteórico que ha tenido el islam en el panorama internacional, no es de extrañar que este punto de vista sea cada vez más popular. Quienes lo sostienen rechazan por lo general el concepto de un Imperio Romano centrado en Europa como potencia dominante en los últimos tiempos. Para ellos, el mundo estará dominado por un califato musulmán, y gobernado por un mesías islámico.

El razonamiento subyacente en esta perspectiva es el siguiente: primero, sus defensores a menudo señalan al hecho básico de que el islam es la religión que crece más rápido en este mundo, incluso en Estados Unidos, Canadá y Europa. En muy poco tiempo, el islam superará al cristianismo como la religión más numerosa del mundo. Por tanto, sostienen que tiene sentido que el líder final del mundo en lo militar, lo político y lo espiritual proceda de esta religión mayoritaria. Mi respuesta a esta opinión es que debemos tener cuidado de no interpretar la profecía a la luz de los sucesos actuales, sino más bien examinarlos a través de la lente de las Escrituras. A menudo el hecho de examinar la profecía bíblica usando los titulares recibe el nombre de "exégesis periodística", y puede conducir a conclusiones infundadas y a caer en el sensacionalismo.

En segundo lugar, los defensores de esta teoría subrayan a veces que la inmensa mayoría de los países que la Biblia detalla como participantes clave en los últimos tiempos son hoy día islámicos, incluyendo Siria, Jordania, Egipto, Sudán, Libia, Líbano, Turquía e Irán. Como estos países figuran entre las naciones clave de los últimos tiempos, los defensores de esta teoría sostienen que tiene mucho sentido que el gobernante mundial venidero sea un musulmán procedente de una de ellas. Habitualmente también dicen que Gog (en Ez. 38—39), el líder de la invasión de Israel en los últimos tiempos, es la misma persona que el anticristo (más tarde abordaremos este tema). Si bien es cierto que el escenario de los últimos tiempos es la nación de Israel, hemos de tener en cuenta la participación de la forma final del Imperio Romano, como nos indica Daniel 2 y 7. Además, en Ezequiel 38, algunas versiones (como La Biblia de las Américas) mencionan el término "Ros", que muchos creen que es la Rusia actual. Lo que es más, Apocalipsis 16:12 también identifica una gran confederación militar que procederá del oriente del río Éufrates. Esta confederación, dirigida por "los reyes del oriente", se extenderá por Oriente Medio en los últimos tiempos. De modo que la afirmación de que "todas las naciones" mencionadas en la profecía de los últimos tiempos son islámicas es una exageración. Habrá otras naciones y potencias unidas que desempeñarán papeles importantes.

En tercer lugar, quienes abogan por este punto de vista señalan las numerosas similitudes entre el Mahdi o mesías islámico y el anticristo bíblico. Por ejemplo, ambos serán gobernantes mundiales, líderes espirituales, firmarán tratados de siete años de duración y cabalgarán en caballos blancos.[28] Estas similitudes se citan como prueba de que estas dos figuras de los últimos tiempos son una sola persona. Pero pensemos en esto: ¿no es posible que el motivo de las similitudes sea que Mahoma obtuvo buena parte de esta información sobre los últimos tiempos de las historias bíblicas que escuchó de judíos y cristianos?

En cuarto lugar, la Biblia dice que el anticristo desencadenará una terrible persecución contra el pueblo judío. Quienes sostienen esta postura del anticristo islámico destacan que el Mahdi lanzará una campaña concreta contra judíos y cristianos, atacará Israel y establecerá el trono de su autoridad en el monte del Templo, tal y como predice la Biblia en 2 Tesalonicenses 2:4. También indican que actualmente el monte del Templo está sometido al control musulmán. Creen que todos estos datos son coherentes con la posibilidad de que el anticristo sea musulmán. Sin embargo, parece muy improbable que un Mahdi islámico se sentara en un templo judío reconstruido para declararse Dios. Cualquier musulmán "que se precie" *destruiría* el templo judío en lugar de reedificarlo.

Quinto, algunos proponentes subrayan el hecho de que el anticristo usará la decapitación como forma de ejecución contra quienes se opongan a su gobierno (Ap. 20:4). Se apresuran a señalar que este es un sistema de ejecución favorito entre los seguidores del islam. Si bien es verdad, la decapitación también era el método principal de ejecución en la Revolución Francesa, y sea cual sea su trasfondo, el anticristo podría recuperar esta forma de ejecución porque es sencilla, rápida y amedrentaría mucho a quienes se plantearan oponerse a su mandato.

Sexto, Daniel 7:25 dice del anticristo futuro que "hablará palabras contra el Altísimo, y a los santos del Altísimo quebrantará, y pensará en cambiar los tiempos y la ley; y serán entregados en su mano hasta tiempo, y tiempos, y medio tiempo". Joel Richardson considera esta pista como clave para decir que el anticristo será el Mahdi musulmán. Dice:

> En realidad, se trata de un indicio importante sobre la persona del anticristo, porque, debido a sus actos, vemos cuál puede ser su origen. Se dice que deseará cambiar dos cosas, los tiempos y las leyes. Ya hemos visto que el Mahdi cambiará la ley instituyendo la ley *shariah* islámica en todo el mundo, pero no hemos encontrado ninguna evidencia en la literatura islámica apocalíptica de que cambie "los tiempos". Sin embargo, la pregunta sencilla es: ¿Quién aparte de un musulmán desearía cambiar "los tiempos y la ley"?... No obstante, el islam tiene sus propias leyes y su propio calendario, dos cosas que le gustaría imponer a todo el mundo. El calendario islámico se basa en la vida de Mahoma.[29]

Es cierto que los musulmanes tienen un calendario diferente al del mundo occidental, y es verdad que si algún día dominaran el mundo impondrían el uso de ese calendario. Sin embargo, el anticristo cambiará el calendario independientemente de quién sea y de qué trasfondo religioso tenga, porque el calendario que utiliza la mayor parte del mundo cuenta el tiempo a partir del nacimiento de Jesús. La alteración que haga el anticristo de los tiempos y las leyes será un intento de eliminar cualquier vestigio del cristianismo en la sociedad. Para cumplir esta profecía no es necesario que el anticristo sea el Mahdi islámico.[30]

El único pasaje de las Escrituras que conozco que nos ofrece un atisbo sobre el trasfondo religioso del anticristo lo hallamos en Daniel 11:36-39. Al describir al gobernante mundial último como "el rey que hará su voluntad", Daniel dijo:

> Se ensoberbecerá, y se engrandecerá sobre todo Dios... Del Dios de sus padres no hará caso, ni del amor de las mujeres; ni respetará a dios alguno, porque sobre todo se engrandecerá. Mas honrará en su lugar al dios de las fortalezas, dios que sus padres no conocieron; lo honrará con oro y plata, con piedras preciosas y con cosas de gran precio. Con un dios ajeno se hará de las fortalezas más inexpugnables, y colmará de honores a los que le reconozcan, y por precio repartirá la tierra.

Si bien estoy de acuerdo en que existen algunos paralelos interesantes entre el anticristo bíblico y el Mahdi islámico, para mí este pasaje destruye la suposición sobre el anticristo islámico. Daniel dijo que el anticristo se exaltará sobre *todo* dios y honrará a un dios al que sus padres no conocieron. El anticristo podría ser alguien que hubiera sido musulmán en algún momento de su vida, pero si esto fuera así, para "honrar a un dios que sus padres no conocieron" tendría que rechazar a Alá y volverse a otro dios, el dios de las fortalezas o el poderío militar, y en última instancia él mismo. Por tanto, este pasaje deja claro que incluso si el anticristo hubiera sido musulmán en algún punto de su vida (lo que es posible), cuando llegue al poder habrá dado la espalda a toda religión, estableciéndose como dios.

En 2 Tesalonicenses 2:4 se afirma que el anticristo se sentará en el trono del templo de Dios, una referencia al templo judío reconstruido —el tercero— en Jerusalén, y declarará que él es dios. Ningún musulmán practicante haría esto. Sin duda, el Mahdi musulmán no lo haría. Hacerlo supondría violar el principio central del islam de que solo hay un Dios, que es Alá. Si el anticristo se declarase dios, ya no sería seguidor del islam. Joel Richardson, que respalda la teoría de un anticristo musulmán, admite este problema pero responde de la siguiente manera:

> Hemos de entender que el anticristo no exigirá adoración hasta bastante después del momento en que el mundo islámico le

> haya reconocido y aceptado universalmente como el Mahdi. Los imanes, mulás, jeques y ayatolás, todo el liderazgo musulmán del mundo, habrán jurado lealtad al Mahdi. Negarle después de este punto sería una vergüenza absoluta para el islam. Llegaría en un momento en que el islam alcanzaría en todo el mundo su cumbre de vindicación y plenitud. En medio de semejante alegría desatada, sería impensable declarar y admitir repentinamente que un charlatán totalmente malvado ha engañado a todo el mundo islámico. Una vez se haya producido el engaño, será imposible dar marcha atrás. Ya se habrán tragado el anzuelo.[31]

Esta respuesta pasa por alto el hecho de que la declaración que hará el anticristo de sí mismo como dios será la blasfemia definitiva. Ningún musulmán que se precie podría aceptar semejante situación. Creer que los líderes islámicos seguirían a alguien que afirmase ser el Mahdi islámico, que luego se declarara dios, es propio de ingenuos. Si el auge moderno del islamismo radical nos enseña algo es que sus líderes son celotes consumados que no están dispuestos a poner en entredicho los puntos menores de la práctica religiosa, y no digamos ya el fundamento más importante de su fe.

Por estos motivos no sostengo el punto de vista de un anticristo islámico. Creo que la Biblia enseña que será un megalómano que odiará a Dios y rechazará a Cristo, que despreciará toda religión y a todo dios aparte de sí mismo y su señor último, que es Satanás.

El anticristo ¿podría ser un presidente de Estados Unidos?

Como dijimos en el capítulo 1, casi todos los presidentes de Estados Unidos desde John F. Kennedy han sido acusados de ser el anticristo, en general por personas que eran miembros del partido político opuesto. Hay algunas personas que especulan que, dado que habitualmente al presidente estadounidense se le considera el individuo más poderoso del mundo, quizás uno de ellos sea el anticristo. Razonan que, de acuerdo con las Escrituras, el anticristo surgirá de un Imperio Romano reunificado. Dado que Estados Unidos se formó a partir de las naciones europeas, que su idioma y sus leyes se derivan de Roma y que es el país más poderoso del mundo, se preguntan si, por extensión, el anticristo podría proceder de Estados Unidos.

Pero esto me parece muy improbable. Me parece mejor sostener que el anticristo procederá de una versión futura del Imperio Romano que existía en tiempos de Juan, cuando profetizó sobre la llegada del anticristo. Ampliar las fronteras del Imperio Romano para incluir Estados Unidos solo porque este país lo fundaron europeos es ir demasiado lejos. Pero da lo mismo de dónde proceda el anticristo, una cosa es segura: que viene. Y hará exactamente lo que la Biblia predice que hará.

El anticristo, ¿es la misma persona que "Gog", en Ezequiel 38?

Ezequiel 38—39 es una de las profecías clave del Antiguo Testamento sobre los últimos tiempos. Predice una invasión masiva de Israel a manos de una confederación de naciones circundantes. En Ezequiel 38:1-6 se hace una lista de estas naciones aliadas:

> Vino a mí palabra de Jehová, diciendo: Hijo de hombre, pon tu rostro contra Gog en tierra de Magog, príncipe soberano de Mesec y Tubal, y profetiza contra él, y di: Así ha dicho Jehová el Señor: He aquí, yo estoy contra ti, oh Gog, príncipe soberano de Mesec y Tubal. Y te quebrantaré, y pondré garfios en tus quijadas, y te sacaré a ti y a todo tu ejército, caballos y jinetes, de todo en todo equipados, gran multitud con paveses y escudos, teniendo todos ellos espadas; Persia, Cus y Fut con ellos; todos ellos con escudo y yelmo; Gomer, y todas sus tropas; la casa de Togarma, de los confines del norte, y todas sus tropas; muchos pueblos contigo.

¿Cuáles son las localizaciones de los antiguos lugares que Ezequiel mencionó en el año 570 a. C.? Una mirada al mapa revela cuáles son los países modernos que ocupan aquellos territorios antiguos. Son Rusia (Ros, mencionado solamente en LBLA), los países de Asia central (Magog), Turquía (Mesec, Tubal, Gomer, Togarma), Irán (Persia), Sudán (Cus) y Libia (Fut). Hoy día, con excepción de Rusia, todos estos países son islámicos.

En algún momento durante la primera mitad de la tribulación, cuando Israel esté en paz y viviendo en seguridad gracias a su tratado con el anticristo, Rusia y su hueste de aliados islámicos organizarán un ataque masivo contra el territorio israelita. Al líder de esta invasión se le llama "Gog" en Ezequiel 38:2. El nombre Gog aparece solo una vez más en el Antiguo Testamento, aparte de en Ezequiel 38—39; lo hallamos en 1 Crónicas 5:4, donde a Gog se le menciona como uno de los descendientes de Rubén. El Gog de ese pasaje no tiene relación con el mencionado en Ezequiel.

El nombre "Gog" aparece once veces en Ezequiel 38—39, más que cualquier otro nombre en el capítulo. Si leemos las referencias a Gog, está claro que es una persona que dirige la invasión de Israel que antes mencionamos. Por consiguiente, sabemos que Gog es la persona más importante de esta coalición. Es evidente que Gog es el actor principal en este gran drama de los últimos tiempos. Su nombre significa "alto, supremo, cumbre de una alta montaña". El modo en que se usa su nombre en Ezequiel revela que Gog es una persona que procede de la antigua tierra de Magog, o la zona sur de la ex Unión Soviética. Seguramente Gog no es el nombre de una persona, sino un título monárquico simbólico, como faraón, césar, zar o presidente. El término "príncipe" también se usa en referencia a Gog en Ezequiel 38 y 39.

Cada vez son más quienes piensan que Gog no es más que otro título para el anticristo, y que la invasión de Israel descrita en Ezequiel 38 es la batalla de Armagedón. Joel Richardson se cuenta entre quienes identifican al anticristo con Gog:

> Personalmente rechazo la idea de que Gog sea otro que el anticristo... Dicho en pocas palabras, el anticristo es el títere que usará Satanás para atacar Jerusalén. Y al menos en el libro de Apocalipsis, Gog es también una marioneta de Satanás, y cumplirá el mismo propósito. En términos tanto de su papel como de su función, el anticristo y el Gog de Apocalipsis son esencialmente uno mismo... Quienes consideran que Gog es un competidor del anticristo adoptan una postura muy incoherente... Gog y el anticristo son la misma persona.[32]

Sin embargo, hay otros que creen que esta identificación es errónea. Debemos tener en cuenta que Gog conduce una fuerza invasora ruso-islámica, no el Imperio Romano reunificado que se profetiza respecto al anticristo en Daniel 7 y en Apocalipsis 13 y 17. A Gog se le llama "el rey del norte" en Daniel 11:40, y su invasión de Israel supondrá un reto directo al tratado del anticristo con Israel. Esto imposibilita que Gog sea el anticristo. Más bien, Gog es un gobernador de Rusia que hará que este país y sus aliados se dirijan a su destino en Israel durante el periodo de la tribulación.

Gog	**Anticristo**
Rey del norte	Rey del oeste
Ataca Israel	Establece un pacto con Israel (que luego incumple)

Además, es importante recordar que la invasión descrita en Ezequiel 38, la que dirige Gog, no es la misma que la batalla de Armagedón, liderada por el anticristo. La campaña de Armagedón, que dirige el anticristo, tendrá lugar al final de la tribulación, mientras que la invasión de Ezequiel 38 sucederá durante la primera mitad de la tribulación, cuando Israel viva "confiadamente" y "con seguridad" (Ez. 38:8, 11, 14). Veamos un esquema que muestra siete de las diferencias clave entre estas dos batallas de los últimos tiempos.

Gog y Magog (Ezequiel 38—39)	**Armagedón (Apocalipsis 19)**
Gog dirige la invasión	El anticristo dirige la invasión
Israel está en paz en el momento de la invasión	No se menciona la paz de Israel
Los ejércitos se reúnen para saquear Israel	Los ejércitos se reúnen para luchar contra Cristo
Sucede en medio de la tribulación	Sucede al final de la tribulación
Países concretos (Rusia y sus aliados islámicos)	Todas las naciones invaden Israel
Ejércitos destruidos por el juicio sobrenatural de Dios, incluyendo los miembros de la coalición que se vuelven unos contra otros	Ejércitos destruidos por la segunda venida de Cristo
Sucede para que todas las naciones sepan que Él es Dios	Sucede para destruir a las naciones

Aunque creo que Gog y el anticristo son dos actores diferentes en los últimos tiempos, también opino que están relacionados entre sí de una manera muy importante. Para comprender esta relación debemos darnos cuenta de que la fuerza de ataque de Gog será destruida por Dios. Cuando Gog y sus ejércitos invadan Israel, parecerá la batalla más desproporcionada de toda la historia; dará la sensación de que es el fin para Israel. Pero Dios intervendrá en lo que podríamos llamar no la guerra de los Seis Días, sino la guerra de Un Solo Día (o Una Sola Hora). Ezequiel 38:18-23 describe gráficamente la destrucción cataclísmica de Gog y de su ejército por medio del poder sobrenatural de Dios:

> En aquel tiempo, cuando venga Gog contra la tierra de Israel, dijo Jehová el Señor, subirá mi ira y mi enojo. Porque he hablado

> en mi celo, y en el fuego de mi ira: Que en aquel tiempo habrá gran temblor sobre la tierra de Israel; que los peces del mar, las aves del cielo, las bestias del campo y toda serpiente que se arrastra sobre la tierra, y todos los hombres que están sobre la faz de la tierra, temblarán ante mi presencia; y se desmoronarán los montes, y los vallados caerán, y todo muro caerá a tierra. Y en todos mis montes llamaré contra él la espada, dice Jehová el Señor; la espada de cada cual será contra su hermano. Y yo litigaré contra él con pestilencia y con sangre; y haré llover sobre él, sobre sus tropas y sobre los muchos pueblos que están con él, impetuosa lluvia, y piedras de granizo, fuego y azufre. Y seré engrandecido y santificado, y seré conocido ante los ojos de muchas naciones; y sabrán que yo soy Jehová.

Aquí está el vínculo que veo entre esta destrucción de Gog y el auge del anticristo: cuando Gog y su numerosa coalición sean destruidos durante la primera parte de la tribulación, se abrirá un tremendo vacío de poder, y el anticristo se adelantará rápidamente para llenarlo. La eliminación de esta alianza ruso-islámica y de todas sus tropas abrirá el camino para que el anticristo se posicione para hacerse con el control del mundo a mediados de la tribulación, y se declare Dios. A menudo me he preguntado si el anticristo podría incluso llevarse el crédito por la destrucción del ejército de Gog, afirmando que tiene un arma secreta de destrucción masiva que usó para aniquilarlo. Podría usar esta propaganda para intimidar al resto del mundo a fin de que le sigan en lo que se convertirá en un reinado del terror mundial.

La marca de la bestia (666), ¿es pasada o futura?

Uno de los temas más fascinantes relacionados con el anticristo venidero es la misteriosa marca de la bestia. Sobre el significado y la aplicación de esta marca se cierne todo tipo de preguntas. Una de las que se formulan mucho estos días es: las profecías sobre la marca de la bestia, ¿se cumplieron en el pasado, o esta marca es algo que aún se encuentra en el futuro?

Los especialistas que sostienen una visión preterista del libro de Apocalipsis, es decir, que dicen que la mayoría o todos los sucesos descritos en Apocalipsis ya han tenido lugar, arguyen que la marca de la bestia se usó durante el reinado del césar romano Nerón (54-68 d. C.).[33] Los preteristas dicen que la mayoría de las profecías contenidas en Apocalipsis, además de en el resto del Antiguo Testamento, o todas ellas, se cumplieron durante la primera guerra judeo-romana (66-70 d. C.) y la destrucción de Jerusalén en el año 70. Para ellos, el anticristo no es "un enemigo futuro, sino una reliquia histórica".[34] Según su punto de vista, el anticristo ya ha aparecido en la escena y ha sido derrotado por Cristo. Para los preteristas, Nerón era la bestia.

Los preteristas sostienen que la forma griega del nombre Nerón, *Neron Caesar*, escrita en caracteres griegos, arroja el número 666. Afirman también que algunos manuscritos griegos antiguos contienen la variante 616 en vez de 666, y que la forma latina del nombre de Nerón, *Nero Caesar*, equivale al número 616.[35] Los defensores del punto de vista preterista también dicen que la persecución que hizo Nerón de los cristianos duró 42 meses, o 1260 días, que se corresponde al tiempo mencionado en Apocalipsis 13:5.[36]

Sin embargo, identificar a Nerón con la bestia que sale "del mar" (Ap. 13:1) plantea problemas graves. Primero, el libro de Apocalipsis fue escrito en el año 95 d. C., casi 30 años después de que concluyera el reinado de Nerón. Por consiguiente, Apocalipsis 13:1 no puede ser una profecía sobre él.[37] De hecho, la fecha de la escritura de Apocalipsis es el problema más resistente al que se enfrenta la perspectiva preterista. La postura tradicional y dominante de la iglesia (desde el siglo II hasta nuestros días) es que Apocalipsis fue escrito cerca del final del reinado de Domiciano. Todos los eruditos de la iglesia primitiva que abordaron este tema sostuvieron la fecha del 95 d. C. Esto elimina la postura preterista como alternativa viable, incluyendo su creencia de que Nerón fue la bestia de Apocalipsis 13:1.

Segundo, al afirmar que Nerón era la bestia, los preteristas Gary DeMar y Kenneth Gentry interpretan los 42 meses del reinado universal de la bestia como un suceso literal. Pero al mismo tiempo, DeMar y Gentry aplican una interpretación simbólica a casi todas las otras cifras contenidas en Apocalipsis. ¿Por qué toman literalmente los 42 meses del gobierno del anticristo y sin embargo consideran simbólicos todos los otros números? En el texto bíblico no existe justificación para este enfoque incoherente de las cifras apocalípticas.

Tercero, y este es el punto más importante, Nerón jamás cumplió ninguna de las otras profecías claras contenidas en Apocalipsis 13. Veamos solo unos ejemplos:

1. La bestia será adorada por *todo* el mundo: "Y la adoraron todos los moradores de la tierra cuyos nombres no estaban escritos en el libro de la vida del Cordero que fue inmolado desde el principio del mundo" (Ap. 13:8). Todos los seres humanos se verán obligados a tomar partido: "Y hacía que a todos, pequeños y grandes, ricos y pobres, libres y esclavos, se les pusiese una marca en la mano derecha, o en la frente" (Ap. 13:6). Robert Thomas, destacado erudito del Nuevo Testamento, destaca que este lenguaje "abarca a todas las personas, de todo rango civil… a todas las clases en función de su riqueza… incluye todas las categorías culturales… Las tres expresiones son una fórmula que indica universalidad".[38]
2. Obligará a las personas a llevar su marca en la mano derecha o en la frente si quieren realizar cualquier tipo de transacción económica.
3. El falso profeta erigirá una imagen de la bestia y obligará a todo el mundo a adorarla.

4. La bestia será asesinada y volverá a la vida.
5. La bestia de Apocalipsis 13:1-10 tendrá un socio, el falso profeta, que hará bajar fuego del cielo y dará aliento a la imagen (13:11-18).

Está claro que ninguna de estas profecías se cumplió durante el reinado de Nerón. Ni él ni ningún otro emperador romano hicieron que el mundo entero llevase la marca de la bestia, o 666. Nerón no tuvo ayudante ni ministro de propaganda que encajase con la descripción del falso profeta dada en Apocalipsis 13.[39] Estas profecías siguen pendientes de cumplimiento, y no se harán realidad hasta que surja el anticristo durante los últimos tiempos.

Cuarto, para que el nombre de Nerón encaje con la cifra 666, debemos utilizar el título preciso *Neron Caesar*. No funciona ninguna otra forma de su nombre. Además, existe una forma abreviada del nombre Domiciano (el césar romano de 81-96 d. C.) que también da 666.[40] Apocalipsis 13:17 dice concretamente que el número equivale "al nombre de la bestia o el número de su nombre". *Neron Caesar* no era el nombre de Nerón. El término *Caesar* es un título, no parte del nombre. Hacer esto equivale a añadir la palabra "presidente" ante el nombre de una persona, considerándola parte de ese nombre. Esto va más allá de lo que dice el texto de Apocalipsis 13:17 sobre el número 666.

Quinto, si la conexión entre 666 y Nerón es tan evidente, como dicen los preteristas, ¿por qué hicieron falta casi 1800 años tras la muerte de Nerón para que alguien se diera cuenta?[41] Todos los padres de la iglesia primitiva que escribieron tras la época de Nerón adoptaron una visión futurista de la bestia que sale del mar y del número 666.[42] Los primeros que sugirieron una relación entre Nerón y el 666 fueron cuatro eruditos alemanes en la década de 1830.[43]

Apocalipsis 13:17-18 dice claramente que la cifra 666 será la marca propuesta para la mano derecha o la frente. Nadie en la historia, ni siquiera Nerón, ha propuesto jamás semejante cifra o marca durante las épocas parecidas al escenario que se desarrollará durante la tribulación. De modo que sobre este fundamento podemos descartar las hipótesis pasadas sobre la identidad del anticristo. Robert Thomas nos ofrece una guía sabia en esta área:

> Lo más sabio es contentarse con que la identificación aún no está disponible, pero lo estará cuando el futuro falso Cristo ascienda a su trono. La persona a quien se le aplique 666 debe haber sido futura respecto a la época de Juan, porque es evidente que este pretendía que el número fuera reconocible para alguien. Si no fue discernible para su generación y para la que vino inmediatamente después (y no lo fue), la generación para quien lo será debía estar (y sigue estando) en el futuro. Las generaciones pasadas nos han ofrecido numerosas ilustraciones de este personaje futuro, pero todos los candidatos anteriores han demostrado que no eran un cumplimiento adecuado.[44]

Nerón no cumplió (como no lo ha hecho nadie más del pasado) las profecías detalladas en Apocalipsis 13:1-10. La única conclusión que podemos sacar, por tanto, es que la marca de la bestia sigue siendo algo futuro.

¿Qué es la marca de la bestia?

Es posible que el número 666, la llamada marca de la bestia, sea uno de los temas más intrigantes de la profecía bíblica. Probablemente esta cuestión ha suscitado más especulaciones, sensacionalismos y conclusiones absurdas que cualquier otra profecía que yo pueda imaginar. Y conforme ha pasado el tiempo, parece que se ha perdido casi por completo el verdadero significado de la marca. Este número ha ido perdiendo sentido a medida que la gente lo ha querido asociar con casi cualquier cosa que no tiene nada que ver con la profecía bíblica. Hace unos años encontré una lista de algunas de las aplicaciones absurdas:

Ruta 666	La carretera de la bestia
00666	El código postal de la bestia
Phillips 666	La gasolina de la bestia
DCLXVI	El número romano de la bestia
666k	El plan de jubilación de la bestia
999	El número australiano de la bestia
IAM666	La matrícula del automóvil de la bestia
666i	El BMW de la bestia

Lo trágico de tomarse en broma este tema es que el número 666 es un asunto serio. Después de todo, está vinculado con el anticristo, un gobernante mundial futuro que traerá sobre la Tierra una gran maldad y destrucción.

Apocalipsis 13:16-18 es la llave bíblica que abre la puerta al significado del 666 (la marca de la bestia), y a la economía única con una sociedad carente de dinero. Este pasaje es el punto de entrada bíblico para cualquier análisis de la cifra 666:

> Y hacía que a todos, pequeños y grandes, ricos y pobres, libres y esclavos, se les pusiese una marca en la mano derecha, o en la frente; y que ninguno pudiese comprar ni vender, sino el que tuviese la marca o el nombre de la bestia, o el número de su nombre. Aquí hay sabiduría. El que tiene entendimiento, cuente el número de la bestia, pues es número de hombre. Y su número es seiscientos sesenta y seis.

Después de aclarar que esta marca de la bestia es algo futuro, lo siguiente que debemos hacer es definir la naturaleza de la marca. La Biblia enseña que durante el periodo de la tribulación el falso profeta, que será el líder de la maquinaria de propaganda religiosa del anticristo, dirigirá la campaña de la marca de la bestia

(Ap. 13:11-18). Apocalipsis 13:15 deja claro que el tema clave subyacente en la marca de la bestia es "la adoración de la imagen de la bestia". La marca de la bestia no es más que un vehículo para obligar a la gente a declarar su fidelidad, ya sea al anticristo o a Jesucristo. Todo el mundo se dividirá en dos bandos, porque será imposible mantenerse neutral. La Biblia dice que quienes se nieguen a recibir la marca serán ejecutados (Ap. 20:4).

Todo tipo de personas tendrán que tomar partido: "pequeños y grandes, ricos y pobres, libres y esclavos" (Ap. 13:16). La Escritura es muy concreta: el falso profeta exigirá una señal de lealtad y de devoción a la bestia, que estará "en la mano derecha" y no en la izquierda, o "en la frente" (Ap. 13:16).

Pero, ¿qué es esta marca?

Encontramos la palabra "marca" repartida por toda la Biblia. Por ejemplo, en Levítico se usa muchas veces para referirse a una marca que señala al portador como alguien impuro ceremonialmente, como cuando alguien padecía lepra. Está claro que en esos casos la "marca" es algo externo y visible.

Es interesante que Ezequiel 9:4 emplee "marca" de una forma parecida al uso que se le da en Apocalipsis: "y le dijo Jehová: Pasa por en medio de la ciudad, por en medio de Jerusalén, y *ponles una señal en la frente* a los hombres que gimen y que claman a causa de todas las abominaciones que se hacen en medio de ella". En este caso, la marca preservaba al portador, de forma semejante a como la sangre de cordero en los dinteles de las puertas de los hogares israelitas en Egipto libró de la muerte a los primogénitos judíos (Éx. 12:7-13). En Ezequiel, esa marca se coloca bien visible en las frentes de determinados individuos, lo cual anticipa el uso que hace el apóstol Juan de este término en Apocalipsis.

Ocho de los nueve usos del término traducido como "marca" o "señal" en el Nuevo Testamento griego aparecen en Apocalipsis, y todos hacen referencia a la marca de la bestia (Ap. 13:16; 13:17; 14:9; 14:11; 16:2; 19:20; 20:4). La palabra "marca" en griego (*charagma*) significa "una señal o sello grabado, tallado, marcado a fuego, cortado, impreso".[45] Robert Thomas explica cómo se usaba esta palabra en la antigüedad:

> La marca debe ser algún tipo de señal parecida a la que recibían los soldados, los esclavos y los devotos del templo en la época de Juan. En Asia Menor, a los devotos de las religiones paganas les complacía enseñar esos tatuajes como emblema de pertenencia a determinado dios. En Egipto, Ptolomeo Filopáter I marcaba a los judíos, que se sometían al censo, con una hoja de hiedra, como reconocimiento de su culto dionisíaco (cp. 3 Macabeos 2:29). Este significado recuerda bastante a la práctica antigua de portar carteles para publicitar las diversas religiones (cp. Is. 44:5), y sigue la costumbre de marcar a los esclavos con el nombre o la señal particular de sus dueños (cp. Gá. 6:17). *Charagma* ("marca") era un término usado para las imágenes o los nombres de los emperadores que figuraban en las monedas romanas, de modo que podría aplicarse perfectamente al emblema de la bestia impuesto a las personas.[46]

Henry Morris también nos ofrece una descripción excelente de la naturaleza de la marca:

> No se nos describe la naturaleza de la marca, pero el principio básico ya lleva años establecido en diversos países. La tarjeta de la Seguridad Social, la tarjeta del censo electoral, la práctica de dibujar con tinta una imagen en el dorso de la mano y diversos otros elementos son precursores de este marcaje universal. La propia palabra ("marca") es el griego *charagma*. Se usa solamente en Apocalipsis para referirse a la marca de la bestia (ocho veces), más una vez para referirse a los ídolos que son "escultura de arte y de imaginación de hombres" (Hch. 17:29). La marca es una especie de grabado o de tatuaje que

una vez realizada no se puede borrar, proporcionando así una identificación permanente (seguramente eterna) como seguidor de la bestia y del dragón.[47]

La pregunta para cada persona viva durante la tribulación será: ¿juro fidelidad al hombre que afirma ser Dios? ¿Renunciaré a ser propietario de mi vida entregándosela por medio de esa marca, o doblaré la rodilla ante el único Dios verdadero y perderé mi derecho a comprar y a vender, e incluso me arriesgaré a morir (Ap. 20:4)? En última instancia, aceptar la marca será una decisión espiritual; los beneficios económicos serán secundarios a esta decisión trascendental a la que se enfrentarán toda las personas.

¿Qué importancia tiene el número 666?

En la película *La profecía*, Damien nació el 6 de junio a las 6 de la mañana (666), para simbolizar su identificación como anticristo venidero. Casi todo el mundo (incluso quienes no conocen la Biblia) ha oído algo sobre el 666 o la marca de la bestia. Recuerdo el furor que se desató cuando llegó el 6 de junio de 2006 (6/6/06). Me entrevistaron docenas de emisoras de radio, y aparecí en Fox News para hablar de la superstición que rodeaba aquel día. Una emisora de radio llegó incluso hasta el punto de ofrecer regalos a los padres de cualquier niño nacido aquel día.

Como puede imaginar, existen numerosas explicaciones para el significado de 666. Creo que la mejor respuesta incluye el uso de un proceso llamado *gematría*, que se refiere al valor numérico de los nombres. Según la gematría, a cada una de las letras del alfabeto se le atribuye un valor numérico. Si quiere encontrar el total numérico de una palabra o de un nombre, suma los valores individuales de las letras que lo componen. Está claro que en Apocalipsis 13 el nombre de la bestia está relacionado con cierto tipo de valor numérico, porque se nos dice que "el que tiene sabiduría" puede "contar" o calcular el número.[48] Contar el número de un nombre consiste en sumar simplemente las cifras adscritas a las letras que figuran en él.[49]

El hebreo, el latín, el griego y el inglés tienen valores numéricos para cada letra del alfabeto. Por ejemplo, a cada una de las 22 letras del alfabeto hebreo se le asigna un valor numérico de la siguiente manera: 1, 2, 3, 4, 5, 6, 7, 8, 9, 10, 20, 30, 40, 50, 60, 70, 80, 90, 100, 200, 300 y 400.

Apocalipsis 13:16-28 nos ofrece cinco claves que nos ayudan a interpretar la marca de la bestia, pistas que, según creo yo, respaldan la idea de que la gematría tiene algo que ver en esto. Leamos Apocalipsis 13:17-18 y fijémonos en la progresión de las siguientes frases:

1. "el nombre de la bestia"
2. "el número de su nombre"
3. "el número de la bestia"
4. "número de hombre"
5. "su número es seiscientos sesenta y seis"[50]

Cuando se siguen estas cinco pistas en su progresión lógica, vemos que el número o marca de la bestia es el número de un hombre que es el anticristo o último gobernante mundial. Este número es la cifra del propio nombre del anticristo.

Tal y como destaca el especialista en profecía Arnold Fruchtenbaum:

> En este pasaje, sea cual fuere el nombre personal del anticristo, si su nombre se escribe en caracteres hebreos, el valor numérico de su nombre será 666. De modo que este es el número que recibirán los seguidores del anticristo. Dado que hay diversos cálculos que arrojan el número 666, es imposible descubrir el nombre de antemano. Pero cuando aparezca, sea cual sea su

> nombre personal, dará como resultado 666. En aquella época, quienes tengan sabiduría (v. 18) podrán identificarlo.[51]

Cuando el anticristo aparezca en la escena mundial al principio de la tribulación, quienes tengan entendimiento de la Palabra de Dios podrán identificarle por el número de su nombre. El valor numérico de ese nombre será 666.

Muchos han utilizado muy mal el enfoque de la gematría, aplicándolo a nombres de líderes contemporáneos para ver si pudieran ser el anticristo. Se ha aplicado a Henry Kissinger y a Lyndon Johnson, y me han dicho que sus nombres son equivalentes al número 666. También se ha probado con John F. Kennedy, Gorbachev y Ronald Reagan. Supuestamente, Bill Gates III también da este resultado. Y se dice que MS DOS 6.21 da 666, igual que Windows 95 y System 7.0.

Hace poco recibí una llamada de un hombre que, convencidísimo, me dijo que un destacado líder europeo es el anticristo, porque cada uno de sus tres nombres contiene seis letras. Sin embargo, los directorios telefónicos están *repletos* de nombres que arrojan 666 cuando se suman los valores numéricos de sus letras. Esto revela lo absurdo que es intentar "contar el nombre" en nuestra época. La instrucción de "contar el nombre de la bestia" no puede aplicarse en nuestros tiempos, porque eso sería precipitarse. En cambio, deben calcularlo los creyentes durante la tribulación. Especular sobre la identidad del anticristo es absurdo y hay que evitarlo. No se revelará hasta el principio del periodo de la tribulación, o "el día del Señor" (2 Ts. 2:2-23). En aquella época la gente podrá identificarlo porque el número de su nombre será 666.

¿Por qué el 666?

¿Por qué decidió el Señor que el nombre del anticristo equivaliera en algún sentido a 666? Muchos maestros de profecía han señalado que el triple seis se refiere al número del hombre, que es el seis, uno menos que el número perfecto de Dios, que es el siete. Recuerde que el hombre fue creado el sexto día. El especialista en profecía John Walvoord escribió:

> Aunque en el momento en que se cumpla esta profecía todo estará más claro, el propio pasaje declara que este número es "número de hombre". En el libro de Apocalipsis, el número "7" es de los más importantes, e indica la perfección. En consecuencia, hay siete sellos, siete trompetas, siete copas de la ira de Dios, siete truenos, etc. Esta bestia afirma ser Dios, y si fuera así su número sería 777. En realidad, este pasaje dice: "No, solo eres 666. Te quedas corto frente a la deidad, a pesar de que al principio fuiste creado a imagen y semejanza de Dios". La mayor parte de las especulaciones sobre el significado de esta cifra carece de provecho o de importancia teológica.[52]

M. R. DeHaan, fundador de la Clase Bíblica Radial, también sostuvo esta postura:

> El seis es el número del hombre. El tres es el número de la divinidad. Esta es la interpretación. La bestia será un hombre que afirmará ser Dios. Los tres seises indican que es un dios falso y un mentiroso pero, a pesar de ello, solo es un hombre, y da igual lo que afirme él. El siete es el número de la perfección divina, y 666 es un numeral menos que siete. Este hombre de pecado alcanzará la cumbre más elevada del poder y de la sabiduría, pero a pesar de ello seguirá siendo un hombre.[53]

Me resulta interesante que el número del nombre *Jesús*, en griego, sea 888, y que cada uno de sus ocho nombres en el Nuevo Testamento (Señor, Jesús, Cristo, Señor Jesús, Cristo Jesús, Cristo el Señor y Señor Jesucristo) tengan valores numéricos que son múltiplos de ocho.[54] No creo que esto sea una merca coincidencia.

Jesús es la perfección absoluta, mientras que el hombre, apartado de Dios, es un fracaso completo.

Adán, el primer hombre, fue creado el sexto día, mientras que Jesús, el segundo hombre, fue resucitado de los muertos el domingo, el "octavo día" de la semana (el segundo primer día de la semana).[55] El uso del número 666 es la forma que tiene Dios de demostrar que el anticristo, la obra maestra de Satanás, no es más que un hombre caído que está totalmente sometido al control del Dios soberano de los siglos.

¿Cuál es el propósito de la marca?

Cuando leemos acerca de la marca de la bestia, una pregunta que nos viene a la mente de inmediato es esta: ¿para qué será necesaria la marca? Según las Escrituras, la marca tendrá dos propósitos primarios. El primero, como ya hemos visto, es que será un indicador visible de la devoción de la persona al anticristo. La marca del anticristo, el valor numérico de su nombre, estará grabado o impreso en la mano derecha o en la frente de aquellos que doblen sus rodillas ante su gobierno de mano de hierro. La marca de la bestia será una imitación satánica del sello de Dios puesto en las frentes de los santos, que es el sello del Espíritu Santo (Ap. 7:3).[56] Esta es solamente otra forma de decir que Satanás imitará la obra de Dios durante los últimos tiempos. La marca de la bestia será cierto tipo de confesión de fidelidad, una señal visible que declare que una persona ha aceptado la visión del anticristo, su programa y su propósito. La aceptación de la marca de la bestia no será un acto inadvertido, casual o accidental. Quienes la reciban lo harán mediante una decisión deliberada. Cuando accedan a recibirla, lo harán sabiendo exactamente qué significa.

Segundo, la marca supondrá un beneficio económico para quienes la acepten. Se convertirá en la tarjeta o en el pasaporte para hacer negocios. Será obligatoria para todas las transacciones comerciales durante la segunda mitad de la tribulación (Ap. 13:17).

Esto contribuirá a hacer posible el orden mundial, y evitará que participe en él cualquiera que se niegue a llevarla. Lo que es más, sabemos que la marca será literal y visible, porque si no lo fuera no podría servir como tarjeta para realizar transacciones comerciales.

Detengámonos un instante para pensar en esto. A lo largo de la historia, el sueño de todo tirano ha sido controlar hasta tal punto a sus súbditos que él sea el único que decida quién puede comprar o vender. Cuando la bestia o el anticristo alcance el poder mundial en el punto medio de la tribulación, todas las personas del mundo se enfrentarán a una decisión fundamental. ¿Se pondrán la marca de la bestia en la mano derecha o en la frente, o rehusarán la marca y se enfrentarán a la muerte? ¿Recibirán la marca obligatoria para realizar toda transacción privada y pública, o se mantendrán firmes y dirán que no al anticristo?

La política económica del anticristo será muy sencilla: acepte mi marca y adóreme, o muérase de hambre. Obligará a las personas a tomar una decisión espiritual. O bien adoran al anticristo y adoran a la bestia y a su imagen, o rechazan al anticristo y se mueren de hambre o los decapitan. Y solo aquellos que rechacen a la bestia conocerán la vida eterna, mientras que todos aquellos que lleven su marca se enfrentarán al juicio eterno de Dios. Ponerse la marca sellará su condenación eterna. Será un pecado imperdonable, irreversible:

> Y el tercer ángel los siguió, diciendo a gran voz: Si alguno adora a la bestia y a su imagen, y recibe la marca en su frente o en su mano, él también beberá del vino de la ira de Dios, que ha sido vaciado puro en el cáliz de su ira; y será atormentado con fuego y azufre delante de los santos ángeles y del Cordero. Y el humo de su tormento sube por los siglos de los siglos. Y no tienen reposo de día ni de noche los que adoran a la bestia y a su imagen, ni nadie que reciba la marca de su nombre (Ap. 14:9-11).

Esto nos revela que la aceptación de la marca no es en última instancia un tema económico. Dios no condena a las personas por meros motivos económicos. Más bien juzgará a quienes opten por recibir la marca como resultado de la decisión consciente y deliberada de adorar a la bestia. Lo que provocará la ira de Dios será la adoración de la bestia.

La tecnología moderna, ¿tiene algo que ver con la marca de la bestia?

¿Qué será exactamente esta marca? ¿Qué aspecto tendrá? ¿Qué forma adoptará? Las hipótesis sobre este punto son casi infinitas. Prácticamente todas las formas de tecnología que han aparecido en las últimas décadas se han relacionado, de una u otra manera, con la marca de la bestia. ¿Será algo tan sencillo como un tatuaje? ¿Será algún tipo de tarjeta de identidad nacional? ¿Será un chip informático bajo la piel? ¿Algún tipo de código de barras implantado en la mano derecha o en la frente?

Después de los ataques terroristas contra el World Trade Center y el Pentágono el 11 de septiembre de 2001, muchas personas solicitaron la introducción de algún tipo de documento de identidad nacional, un sistema de identificación biométrica (que funciona mediante una huella dactilar o un escáner de retina), o un sistema de escáner digitalizado.[57] La gente tenía miedo de sufrir ataques posteriores, e incluso hablaron de si no sería conveniente renunciar a ciertas libertades para detener más fácilmente a los que intenten cometer actos terroristas en el futuro. Algunos han especulado que una de estas nuevas tecnologías podría acabar siendo la marca de la bestia. La especulación lleva años rampante: la marca se ha asociado con los números de la Seguridad Social, escáneres de códigos de barras, escáneres de retina, nuevas tecnologías de implante de chips y prácticamente cualquier otro tipo de tecnología de identificación que surge en el mercado. La gente ha hecho toda clase de conjeturas infundadas sobre la naturaleza exacta de la marca de la bestia. Como ha dicho mi amigo el Dr. Harold Willmington: "¡Ay, la gente ve el seis, seis, seis en todas partes!".

Por lo que respecta al aspecto de la marca o la forma que adoptará, la respuesta es que aún no lo sabemos, y no deberíamos perder el tiempo imaginándolo. Sabemos con seguridad que nada de lo que vemos hoy será la marca de la bestia. No sabemos qué método adoptará el anticristo para poner esta marca a sus seguidores. El texto de Apocalipsis 13:16 dice claramente que la marca se pondrá "sobre" la mano derecha o la frente, no *dentro de* ellas. Es decir, que la marca estará en la parte *externa* de la piel, donde se pueda ver. La preposición griega *epi*, en este contexto, significa "sobre".

Lo que sí podemos decir, con seguridad y responsabilidad, es que hoy día disponemos de la tecnología necesaria para tatuar, grabar o incrustar parcialmente un número identificador visible o una marca en la piel de todas las personas vivas, con el propósito de regular el comercio mundial y controlar sus vidas. Si bien nada de lo que vemos hoy es la marca de la bestia, el auge de nuevos métodos sorprendentes para localizar, identificar y controlar las vidas de las personas constituye un presagio asombroso del escenario que hallamos en Apocalipsis 13. Es solamente otro indicador que señala hacia la imagen que pintan las Escrituras sobre los últimos tiempos.

Cabe destacar otra idea relacionada. Por sorprendente que sea la idea de la marca de la bestia, hay otra cosa mucho más impactante que no podemos permitirnos ignorar. La Biblia predijo hace 1900 años este sistema económico mundial. El hecho de que las palabras de Apocalipsis 13 fueran escritas en la era de la madera, las piedras, las espadas y las lanzas hace que esta profecía sea una de las pruebas más poderosas que podamos imaginar de la naturaleza inspirada y la fiabilidad de la Palabra de Dios. ¿Quién si no Dios podría haber predicho un sistema económico mundial que controlara todo el comercio? Como dice Dios: "yo soy Dios, y no hay otro Dios, y nada hay semejante a mí, que anuncio lo por venir desde el principio, y desde la antigüedad lo que aún no era hecho" (Is. 46:9-10). Esta profecía sorprendente es solo una evidencia convincente más de que el Dios de la Biblia es el Dios vivo y verdadero, y de que la Biblia es su Palabra inspirada e inerrante.

¿Cómo convencerá el anticristo a las personas de que se pongan su marca?

No sé si alguna vez ha pensado en esto, pero yo me he preguntado a menudo cómo conseguirá introducir el anticristo el sistema del 666. Después de todo, la mayoría de personas (incluso aquellas que tienen escaso o ningún conocimiento de la Biblia), han oído hablar del 666 y saben que está asociado con el mal. En Internet encontramos un número increíble de páginas dedicadas al 666. Todo el que haya visto películas populares como *La profecía* o tenga aunque sea un interés pasajero en la música rock ha oído hablar del 666 y de su relación con el anticristo. La cuestión es que todo el mundo sabe algo sobre el 666.

Siendo esto así, ¿cómo convencerá el anticristo a miles de millones de personas para que reciban su marca en sus cuerpos? Sin duda es lo bastante astuto como para usar el 665, el 667 o cualquier otra cifra que no sea el famoso 666.

Una explicación posible es que el anticristo será tan osado, blasfemo y arrogante que utilizará su carisma y su oratoria hipnotizadora para convencer a las personas de que se pongan su marca tabú. Aunque la gente sabrá que ponerse la marca será un afrenta contra Dios, se la pondrán de todos modos como señal de rebelión abierta contra el único Dios verdadero.

Una segunda respuesta posible es que el anticristo pueda utilizar el arrebatamiento de la iglesia (la desaparición de millones de personas) para controlar el miedo que sentirá el mundo. Incluso es posible que afirme que él ha sido el responsable de las desapariciones, y que amenace a quienes se rebelen contra él con hacerlos desaparecer también. Quizá formule la promesa de que nadie más desaparecerá o será "desintegrado" siempre que se ponga la marca. Eso podría explicar cómo conseguirá que el mundo se una bajo su sistema político, económico y religioso.

Otra explicación posible es la que hallamos en las palabras inquietantes de 2 Tesalonicenses 2:9-11, donde el apóstol Pablo describió el flagrante engaño que inundará el mundo en los últimos tiempos:

> ... inicuo cuyo advenimiento es por obra de Satanás, con gran poder y señales y prodigios mentirosos, y con todo engaño de iniquidad para los que se pierden, por cuanto no recibieron el amor de la verdad para ser salvos. Por esto Dios les envía un poder engañoso, para que crean la mentira, a fin de que sean condenados todos los que no creyeron a la verdad, sino que se complacieron en la injusticia.

Lo que quiere decir esto es que durante la tribulación venidera el anticristo recibirá el poder de Satanás para realizar señales y prodigios increíbles, que sorprenderán y dejarán anonadados a los seres humanos, tan modernos y sofisticados. Su engaño provocará un temor reverente y un asombro que inducirá a miles de millones de personas a volverse a él como salvador. Quienes se aparten de la verdad de Dios para unirse al anticristo y rechacen la oferta generosa de salvación divina, serán entregados a su propia opción deliberada. Dios confirmará esa elección, y enviará una influencia engañadora sobre ellos, de modo que recibirán, literalmente, "la mentira". ¿Cuál será esa mentira? La creencia de que el anticristo es Dios. Esto quiere decir que aunque la gente conozca el 666 y sus connotaciones nocivas, aceptará alegremente la marca y todo lo que esta representa. El engaño poderoso superará cualquier duda que tengan en cuanto a recibir la marca de la bestia. El hecho de que sean tantos quienes opten por seguir al anticristo (y padecer la consiguiente condenación eterna) debería llevarnos a asegurarnos cuál es nuestra posición delante del Señor. Se avecinan momentos de engaños poderosos.

Diez claves para comprender la marca de la bestia

1. La marca es futura, no pasada.
2. La marca es una señal literal, un grabado o un tatuaje.
3. Se pondrá "en" la mano derecha o "en" la frente de las personas durante la tribulación.
4. La marca será dada como una señal de devoción al anticristo y como un pasaporte para comerciar.
5. La marca será el número 666, o el valor numérico del nombre del anticristo.
6. Quienes sean creyentes podrán calcular el número e identificar al anticristo.
7. Quienes reciban la marca serán condenados eternamente.
8. Antes del arrebatamiento nadie debería intentar identificar al anticristo ni su marca.
9. Si bien la tecnología moderna y los métodos para identificar y localizar a las personas presagian notablemente el medio posible que usará el anticristo para controlar el mundo, ninguna tecnología existente ahora mismo se puede identificar como la marca de la bestia. Nadie puede decir concretamente qué tecnología se usará para cumplir esta profecía, pero sin duda lo que vemos hoy hace que ese sistema no solo sea posible, sino también probable.
10. A pesar de la asociación del 666 con el mal, el número lo recibirán aquellos que rechacen voluntariamente a Cristo durante la tribulación.

PARTE 3

La venida del anticristo

"No queremos otro comité; ya tenemos demasiados. Lo que queremos es un hombre con la suficiente estatura como para que todo el mundo le preste fidelidad, y que nos saque del pantano económico en el que nos estamos hundiendo. Envíennos a un hombre así y, sea dios o demonio, le recibiremos".

PAUL HENRI SPAAK
(PRIMER PRESIDENTE DE LA ASAMBLEA GENERAL DE LAS NACIONES UNIDAS, PLANIFICADOR ESENCIAL DE LA FORMACIÓN DE LA COMUNIDAD ECONÓMICA EUROPEA EN 1957)

"Llega el momento, y muy claro está,
que el anticristo anda cerca ya".

SEBASTIAN BRANT,
THE SHIP OF FOOLS, CIII. 92-93

¿Cómo obtendrá el anticristo el poder mundial?

Esta es una de las preguntas más difíciles de responder sobre el anticristo. ¿Cómo se hará con el poder un hombre como este? ¿Qué podría inducir a personas bien educadas y sofisticadas a recurrir a un líder como el anticristo y, en última instancia, adorarle como

Dios? Por supuesto, al formular estas preguntas hemos de recordar que hace solo unas décadas toda una nación cayó bajo el hechizo de un loco asesino llamado Adolf Hitler. De modo que no es que un suceso como ese carezca de un precedente moderno.

Aunque nadie conoce los detalles exactos de cómo se producirá ese ascenso al poder, todo el mundo sabe que hoy día nuestro planeta busca desesperadamente liderazgo. El mundo, enfrentado a una crisis internacional creciente, busca a alguien con el carisma, el liderazgo y los conocimientos suficientes para unir a todo el mundo y superar esos retos críticos.

Uno de los problemas crónicos al que se enfrenta el mundo es el conflicto perpetuo de Oriente Medio, que ha dado pie a un llamado "proceso de paz" que parece inacabable y cuyo nombre parece irónico. Sin duda la resolución de la crisis de Oriente Medio es el premio más deseado en la historia de la diplomacia internacional. El mundo clama por paz. Todo líder quiere ser la persona que añada esta victoria a la lista de sus éxitos, y la Biblia dice que el anticristo lo conseguirá. Hará su entrada en el escenario mundial mediante la firma de algún tipo de acuerdo o tratado con la nación de Israel. Daniel 9:27 nos ofrece los detalles:

> Y él hará un pacto firme con muchos por una semana, pero a la mitad de la semana pondrá fin al sacrificio y a la ofrenda de cereal. Sobre el ala de abominaciones vendrá el desolador, hasta que una destrucción completa, la que está decretada, sea derramada sobre el desolador.

¿Cuál es la naturaleza exacta de este pacto que hará el anticristo con Israel? Aunque el pasaje anterior no especifica la naturaleza exacta de este tratado, podemos leer fácilmente entre líneas. Charles Dyer, un maestro de profecía y escritor respetado, dice:

> ¿Cuál es ese "pacto" que hará el anticristo con Israel? Daniel no especifica su contenido, pero sí señala que durará siete años.

> Durante la primera mitad de este periodo Israel se sentirá en paz y segura, de modo que seguro que ese pacto proporcionará cierta garantía de seguridad para la nación israelita. Es muy probable que el pacto permita a Israel estar en paz con sus vecinos árabes. Un resultado del pacto es que a Israel se le permitirá reconstruir el templo de Jerusalén. Este gobernador mundial tendrá éxito donde no lo tuvieron Kissinger, Carter, Reagan, Bush y otros líderes mundiales. ¡Será conocido como un pacificador![1]

Ezequiel 38:8, 11, 14 nos confirma que en los últimos tiempos habrá una época de paz para Israel, al menos temporalmente:

> De aquí a muchos días serás visitado; al cabo de años vendrás a la tierra salvada de la espada, recogida de muchos pueblos, a los montes de Israel, que siempre fueron una desolación; mas fue sacada de las naciones, y todos ellos morarán confiadamente... Y dirás: Subiré contra una tierra indefensa, iré contra gentes tranquilas que habitan confiadamente; todas ellas habitan sin muros, y no tienen cerrojos ni puertas... Por tanto, profetiza, hijo de hombre, y di a Gog: Así ha dicho Jehová el Señor: En aquel tiempo, cuando mi pueblo Israel habite con seguridad, ¿no lo sabrás tú?

Otros pasajes bíblicos indican que al comienzo de la tribulación todo el mundo gozará de una época de paz inaugurada por el anticristo:

1 Tesalonicenses 5:1-3

> Pero acerca de los tiempos y de las ocasiones, no tenéis necesidad, hermanos, de que yo os escriba. Porque vosotros sabéis perfectamente que el día del Señor vendrá así como ladrón en la noche; que cuando digan: Paz y seguridad, entonces vendrá sobre ellos destrucción repentina, como los dolores a la mujer encinta, y no escaparán.

Apocalipsis 6:1-2

> Vi cuando el Cordero abrió uno de los sellos, y oí a uno de los cuatro seres vivientes decir como con voz de trueno: Ven y mira. Y miré, y he aquí un caballo blanco; y el que lo montaba tenía un arco; y le fue dada una corona, y salió venciendo, y para vencer.

Está claro que la apertura del primer sello trae paz, porque la ruptura del segundo, que hace salir al jinete del caballo rojizo, acaba con ese periodo de paz. Apocalipsis 6:3-4 sigue diciendo: "Cuando abrió el segundo sello, oí al segundo ser viviente, que decía: Ven y mira. Y salió otro caballo, bermejo; y al que lo montaba le fue dado poder de quitar de la tierra la paz, y que se matasen unos a otros; y se le dio una gran espada". Obviamente, el jinete del caballo rojizo no puede arrebatar la paz al mundo si esa paz no está presente. El anticristo, el jinete del caballo blanco, traerá al mundo lo que siempre ha querido. W. A. Criswell, ex pastor de la First Baptist Church of Dallas, mira al futuro y escribe:

> En un tiempo de revolución, en un tiempo de caos, en un tiempo de tormenta y de furia, llega este gran gobernante final. Este es el significado de la apertura del primer sello en Apocalipsis 6. En consonancia con la ruptura del primer sello, el capítulo 17 de Apocalipsis dice que aquellos diez reyes, voluntariamente y de forma unánime, le dan su poder, su fuerza y su autoridad. Cuando se abre el primer sello, aparece este anticristo final. Viene montado en un caballo blanco, armado con un arco y sin flechas. Viene conquistando y para conquistar, pero es un conquistador incruento. No hay guerra, no hay batalla, no hay resistencia. En medio de su caos y su desesperación, estos reyes de la Tierra, sus gobernantes, le entregan de buen grado su poder y le saludan como salvador de la raza humana. Dicen: "Este es el hombre que puede guiarnos, el

hombre que tiene respuesta a nuestras preguntas, el que puede traer paz y prosperidad a toda la humanidad. ¡Viva!". El mundo se sentirá atraído por él, y ese asombro se convertirá en adoración. Este es el gran gobernador final del mundo.[2]

El anticristo ascenderá al poder como pacificador. No sé cómo imagina usted al anticristo, pero seguramente la mayoría le considera un malvado, loco y diabólico, un megalómano sin límites. Estas imágenes son precisas, pero ninguna de ellas describe cómo será cuando el mundo reciba su primera impresión de su persona. Al principio de su carrera ascenderá al poder como un pacificador muy popular, alguien que resolverá muchos problemas, un diplomático distinguido. Llegará al escenario mundial con una rama de olivo en la mano. John MacArthur describe correctamente la situación mundial que dará pie a la venida del anticristo:

> En medio de una época caótica, confusa, incierta e inquieta, propia de la tribulación, el mundo ansiará un líder. La gente esperará a alguien poderoso e influyente que unifique las naciones divididas y enfrentadas del mundo; alguien que traiga esperanza en medio del desespero; alguien que ofrezca una seguridad en una época agitada, de aprensión y temor. El mundo buscará con desespero un líder fuerte, carismático y con autoridad, que rescate a un mundo al borde de la catástrofe. Esos anhelos se verán satisfechos. Llegará ese líder poderoso que el mundo desea, y lo unificará bajo su mando. Primero parecerá ser todo lo que el mundo pensaba que andaba buscando. Durante un breve tiempo traerá paz y prosperidad. Pero resultará ser mucho más de lo que el mundo deseaba. Será un dictador más cruel y poderoso que cualquier otro líder que haya conocido el mundo. Este hombre, a quien se le suele llamar el anticristo, será la culminación de una larga línea de aspirantes a conquistador. El anticristo podrá hacer lo que soñaron

hombres como Alejandro Magno y los emperadores romanos en la antigüedad y Hitler y Stalin en la época moderna: gobernará el mundo entero y recibirá su adoración.[3]

El escenario mundial ya está dispuesto para su venida. Todas las señales apuntan hacia su llegada en un futuro no muy distante.

¿Cuáles son algunas de las señales de su venida?

Una cosa está clara acerca del auge del anticristo: no puede darse en un vacío; el escenario debe estar dispuesto para su venida. ¿Cuáles son algunas de las condiciones previas para su auge, según las Escrituras? He apuntado cinco señales predichas en la Biblia. Por cierto, las cinco forman parte integral de los titulares periodísticos de nuestra época, lo cual indica que la aparición del anticristo podría tener lugar dentro de muy poco tiempo.

La reunificación de Israel

Casi todos los sucesos clave de los últimos tiempos giran, de una u otra forma, alrededor de la existencia de la nación de Israel. Israel es el campo de batalla de todas las grandes guerras y conflictos de los últimos tiempos descritos en la Biblia (Ez. 38; Zac. 12). El pueblo de esta nación debe ser preservado y reunido en su antiguo territorio antes de que se cumplan las profecías bíblicas de los últimos tiempos. Los últimos tiempos empezarán oficialmente cuando el anticristo firme un tratado de siete años con Israel (Dn. 9:27). Evidentemente, para que esto suceda, Israel debe existir. El anticristo no puede establecer un tratado con el pueblo judío a menos que este constituya una nación reconocida. Antes de 1948, cuando se fundó el estado moderno de Israel, esta profecía relativa a un tratado no se podía cumplir. Pero ahora que Israel es una nación establecida dentro de la comunidad mundial, esta pieza del rompecabezas de los últimos tiempos ya está en su sitio.

El hecho de que el pueblo judío haya permanecido un pueblo

distintivo durante casi 2000 años y se haya reunido convirtiéndose en una nación dentro de su antiguo territorio es realmente asombroso. El Dr. Randall Price subraya el milagro moderno del pueblo judío:

> El regreso moderno del pueblo judío a la tierra de Israel ha sido llamado "el milagro del Mediterráneo". El regreso de un grupo de personas que habían sido esparcidas por todas las naciones carece de precedentes en la historia. De hecho, el pueblo judío es el único pueblo exiliado que sigue constituyendo una unidad distintiva a pesar de haberse dispersado por más de 70 países distintos durante más de veinte siglos. Los imperios poderosos de Egipto, Asiria, Babilonia, Persia, Grecia y Roma devastaron su territorio, tomaron cautivos a sus miembros y los repartieron por todo el mundo. Incluso después de esto, en los países a los que se habían exiliado los judíos padecieron persecuciones, discriminaciones y el Holocausto. Sin embargo, todos esos antiguos reinos se han convertido en polvo, y sus antiguas glorias no son más que reliquias de museos, y muchas de las naciones que se opusieron a los judíos han padecido la decadencia económica, política o religiosa. Pero el pueblo judío al que esclavizaron e intentaron eliminar vive libre, ¡y ha vuelto a convertirse en una nación fuerte![4]

El pueblo judío no solo ha sobrevivido como pueblo distintivo a lo largo de los siglos, sino que ha sido devuelto a su territorio ancestral, a pesar de las impresionantes probabilidades en contra. También ha recuperado su lenguaje muerto:

> El hecho de la continuidad del pueblo judío es incluso más notable a la luz del testimonio de la historia sobre el exilio y el retorno. En la historia humana se han producido menos de diez deportaciones de un grupo de personas desde su territorio

> natal. Estos grupos sociales desaparecieron en la historia porque se integraron en las naciones a las que fueron exiliados. Sin embargo, el pueblo judío no experimentó un solo exilio, sino muchos... No debemos pasar por alto el contraste con otros exilios históricos. Si bien otros grupos humanos fueron exiliados a otro país, los judíos fueron dispersados a muchos países diferentes, y de hecho a todos los rincones de este mundo. El pueblo judío tiene también la distinción de ser el único pueblo que ha podido reavivar con éxito su antigua lengua después de más de 2000 años. A finales del siglo XIX, cuando los judíos empezaron la migración a su tierra, solo hablaban los idiomas de los países de los que regresaban. Un hombre, Eliezer Ben-Yehuda, decidió que la lengua adecuada para los judíos que habían regresado a la tierra de los profetas era el lenguaje que estos usaron. Empezó a enseñar a los niños, y hoy día todos los hombres, mujeres y niños de Israel hablan hebreo cotidianamente. Por el contrario, ¿Qué país o grupo humano habla hoy egipcio, asirio o latín? Solo el pueblo judío ha logrado recuperar el uso de su lenguaje originario en la vida cotidiana... Además, el pueblo judío es el único pueblo que ha regresado *en masa* a su antiguo territorio, y que ha restaurado su independencia nacional mediante el restablecimiento de su antiguo estado... Cualquiera de estos hechos sobre la supervivencia de Israel sería notable, pero si los tomamos en su conjunto son milagrosos.[5]

Siguiendo la agenda perfecta de Dios, como la Biblia predijo hace unos 2500 años, el pueblo judío sigue regresando a su territorio desde todos los lugares del mundo. Tenemos un asiento de primera fila para ver cómo sucede esto. Ahora ya está en su lugar este engranaje crítico de la profecía de los últimos tiempos. Empiezan a girar las ruedas, y es posible que la aparición del anticristo no se demore mucho más.

La reunificación del Imperio Romano

En este libro hemos comentado en diversas ocasiones que el anticristo surgirá a partir de un Imperio Romano reunificado. Aunque nada de lo que vemos hoy abarca la forma final del Imperio Romano reunificado o revivido, sometido concretamente al gobierno de diez reyes (el Grupo de los Diez), los presagios que han tenido lugar en Europa desde el final de la Segunda Guerra Mundial son increíbles. En la estela de dos guerras mundiales desastrosas, los países europeos han reconocido que su única esperanza de supervivencia y de alcanzar la estabilidad es creando cierto tipo de alianza pacífica. Desde 1957 empezaron a formar esa coalición. Veamos un esquema breve de cómo esa coalición ha pasado de ser una asociación deshilvanada de seis países a una potencia mundial de 27 naciones, con un Parlamento de 736 miembros y una población de 500 millones de personas.

Una visión panorámica de la reunificación europea

Nacimiento de la UE moderna (Tratado de Roma), con seis naciones: Bélgica, Alemania, Luxemburgo, Francia, Italia y Holanda (un total de 220 millones de personas)	1957
Se forma la CEE (Comunidad Económica Europea); se unen Dinamarca, Irlanda y Gran Bretaña, añadiendo 66 millones más de personas.	1973
Grecia se une a la CEE, convirtiéndose en el décimo miembro.	1981
Portugal y España se unen a la CEE.	1986
Formación oficial de la UE; se firma el Tratado de Maastricht.	7 de febrero de 1992

Austria, Finlandia y Suecia se unen a la UE, lo cual eleva la población total a 362 millones en 15 países miembros.	1995
Formación de la Unión Monetaria de la UE, creando una nueva moneda llamada euro.	1 de enero de 1999
Se emite oficialmente la nueva moneda (en el llamado Día E).	1 de enero de 2002
A la sombra de la antigua acrópolis de Atenas, Grecia, diez países más firman tratados para unirse a la UE: Chipre, la República Checa, Estonia, Hungría, Letonia, Lituania, Malta, Polonia, Eslovaquia y Eslovenia. La población de la UE ascienda a casi 500 millones de personas.	16 de abril de 2004
Los 25 estados miembros de la UE firman la nueva Constitución Europea, en medio de una gran pompa, en una ceremonia celebrada en la colina Capitolina de Roma.	29 de octubre de 2004
Rumania y Bulgaria se unen a la UE, aumentando a 27 el número de estados miembros.	2007
Se ratifica el Tratado de Lisboa (que establecía el cargo permanente de "presidente europeo", con un mandato de dos años y medio).	1 de diciembre de 2009

Esta nueva alineación del poder señala hacia el Imperio Romano revivido y su nuevo líder, que traerá la promesa de paz a un mundo que estará vacilante al borde de la catástrofe y el caos. Creo que somos testigos de las fases embrionarias de la aparición de un Imperio Romano cada vez más unido y poderoso, como nos dice la Biblia que podemos esperar en los últimos tiempos. Como dicen correctamente los especialistas en profecía Thomas Ice y Timothy Demy:

Habría que ser totalmente ignorante de los sucesos dentro de nuestro mundo moderno para no admitir que, gracias a los esfuerzos de la Unión Europea, "Humpty Dumpty" vuelve a estar recompuesto. Esto sucede, como cualquier otro desarrollo necesario de la profecía, justo en el momento adecuado para el periodo venidero de la tribulación.[6]

La globalización

Hoy día el escenario está preparado para el establecimiento de una economía internacional y, al final, de un gobierno mundial. En la estela del desastre económico brutal que tuvo lugar a finales de 2008 y principios de 2009 (con repercusiones mundiales que siguen sintiéndose a finales de 2010, cuando escribo esto), los líderes mundiales se reunieron para crear estrategias destinadas a detener un colapso económico total, y para establecer algún tipo de plan de acción para el futuro. Gran Bretaña hizo un llamado a la instauración de un nuevo orden mundial, llamado que se escuchó en los Estados Unidos, al otro lado del océano Atlántico. Los líderes mundiales parecen estar de acuerdo en que solo una consolidación y una concentración del poder salvará al mundo del desastre económico y de la autodestrucción. Este es el tipo de escenario expuesto en las Escrituras en la época en que el anticristo entre en el panorama mundial. En un periodo muy breve de tiempo, se hará con el control de la economía mundial y tomará las riendas del poder político.

El templo reconstruido

Según la Biblia, en el monte del Templo de Jerusalén debe erigirse un tercer templo judío, llamado a menudo el templo de la tribulación. El primer templo judío lo levantó Salomón, y fue destruido por los babilonios en el año 586 a. C. El segundo templo lo construyó Zorobabel, y Herodes el Grande lo embelleció mucho. Fue reducido a escombros por los romanos en el año 70 d. C.

La Biblia señala al menos en cuatro lugares que el pueblo judío levantará un tercer templo en el monte del Templo, y que lo hará en los últimos tiempos.

Daniel 9:27	"Y por otra semana [el anticristo] confirmará el pacto con muchos; a la mitad de la semana hará cesar el sacrificio y la ofrenda".
Mateo 24:15	"Por tanto, cuando veáis en el lugar santo la abominación desoladora de que habló el profeta Daniel...".
2 Tesalonicenses 2:4	"el cual se opone y se levanta contra todo lo que se llama Dios o es objeto de culto; tanto que se sienta en el templo de Dios como Dios, haciéndose pasar por Dios".
Apocalipsis 11:1-2	"Entonces me fue dada una caña semejante a una vara de medir, y se me dijo: Levántate, y mide el templo de Dios, y el altar, y a los que adoran en él. Pero el patio que está fuera del templo déjalo aparte, y no lo midas, porque ha sido entregado a los gentiles; y ellos hollarán la ciudad santa cuarenta y dos meses".

Sabemos que este tercer templo debe edificarse antes de que el anticristo acceda al poder, porque hará un tratado con el pueblo judío que, evidentemente, dará a sus miembros acceso al templo para que puedan reinstaurar y realizar el sistema de sacrificios (Dn. 9:27). Además, 2 Tesalonicenses 2:4 dice que el anticristo se sentará en el templo y se declarará Dios.

Esto nos lleva a uno de los problemas más espinosos en toda la profecía bíblica: ¿Cómo pueden los judíos reconstruir el templo si la Cúpula de la Roca y la mezquita de Al-Aqsa musulmanas están encima? Tal y como están las cosas ahora, parece imposible que el templo sea reconstruido en ese punto. Pero nunca debemos olvidar que, antes de 1948, muchas personas creían que era imposible que el pueblo judío recuperase jamás su territorio natal antiguo. Sin embargo, hoy día un 40% de los judíos en el mundo vive en Israel. Y, lo que es más increíble, casi dos tercios de ellos quieren ver la reconstrucción del templo.

El 30 de julio de 2009, Ynetnews ofreció los resultados asombrosos de una nueva encuesta sobre el templo. La encuesta preguntaba a los respondientes si querían que el templo se reconstruyese:

> Un 64% dijo que sí, mientras que un 36% dijo que no. El análisis de las respuestas demuestra que quienes esperan la reconstrucción del templo no son solo los ultraortodoxos y los religiosos (100% y 97%, respectivamente), sino también la población tradicional (91%) y muchos seculares, un 47%... El templo fue destruido hace 1942 años, y casi dos tercios de la población desean verlo reconstruido, incluyendo a un 47% de seculares.

Esta oleada de respaldo para la construcción del tercer templo judío es una señal clave de los tiempos. Durante años, ha habido grupos como los Temple Mount Faithful [los Fieles del Monte del Templo] que han abogado por la reconstrucción del templo e incluso han hecho preparativos para ella, pero el respaldo amplio del público era inexistente. Parece que esto ha cambiado. Hoy día son muchos los israelitas que quieren reconstruir el templo. Este debe estar en pie durante el periodo de la tribulación, de modo que pueda reinstaurarse el sistema de sacrificios, y el anticristo pueda sentarse en el templo para profanarlo. Aunque nadie sabe cuándo se construirá el templo o qué circunstancias harán posible que así sea, el grado de respaldo para el proyecto de reconstrucción aumenta rápidamente, lo cual es otra indicación de que se acercan los últimos tiempos.

Randall Price, la máxima autoridad evangélica sobre el templo, concluye su excelente obra *The Coming Last Days Temple* [El templo venidero de los últimos tiempos] con estas palabras:

> ¿Qué nos dice esto a usted y a mí? Nos dice que los judíos no solo han comenzado el ascenso hacia su objetivo elevado, ¡sino que están a un paso de alcanzarlo! Como ha demostrado este libro, el conflicto actual sobre el monte del Templo y la resolución de los activistas judíos para prepararse para la conclusión del mismo han generado el ímpetu necesario para salvar la breve distancia que queda pendiente. Vivimos el momento previo a la obra de reconstrucción, que traerá consigo el cumplimiento de las profecías que harán que el mundo avance rápidamente para hacer realidad el templo de los últimos tiempos.[7]

Dos de los acontecimientos clave que deben tener lugar antes de que pueda reconstruirse el templo ya se han cumplido: los judíos han vuelto a su tierra y tienen el control sobre Jerusalén. Lo único que les falta es disfrutar de soberanía sobre el propio monte del Templo y que suceda algo a la Cúpula de la Roca musulmana. Cuando Dios haga que se cumplan estos sucesos (cosa que hará cuando le parezca oportuno), el templo será reedificado. La desolación del anticristo no llegará mucho más tarde. Los acontecimientos que tienen lugar hoy allanan el camino para que se cumplan estas profecías.

El clamor mundial por la paz

"Es un acertijo envuelto en un misterio sumido en un enigma".

Así es cómo sir Winston Churchill, en un discurso que pronunció el 1 de octubre de 1939, describió las actividades de los rusos en sus tiempos. Y lo que dijo sobre los actos rusos podría aplicarse al Oriente Medio actual. Después de todo, ¿cuál es el principal problema del mundo hoy día? La crisis persistente en Oriente Medio: Israel contra los palestinos, Israel contra Hezbolá, Israel contra Irán. La pequeña nación de Israel es el punto de mira de los países islámicos que la rodean. Desde 1948, una administración estadounidense tras otra ha intentado resolver este enigma, y si bien se han dado victorias breves y de poco calado y ha habido momentos de ausencia de guerra, la paz real y duradera ha eludido siempre los intentos de los mejores diplomáticos del mundo. Pero la Biblia nos dice que esto cambiará tremendamente un día.

Como cabeza de una confederación multinacional, aparentemente el anticristo tendrá el poder y la habilidad para iniciar, formular e imponer un tratado de paz con Israel y, posiblemente, con sus vecinos.[8] Por lo que respecta a la naturaleza de este tratado de paz, el especialista en profecía John Walvoord dijo:

> Cuando un gobernante gentil sobre las diez naciones imponga un tratado de paz en Israel, será debido a su fuerza superior y no será un tratado de paz negociado, pero aparentemente incluirá los elementos necesarios para semejante contrato. Incluirá la fijación de las fronteras israelitas, el establecimiento de relaciones comerciales con sus vecinos (algo que esta nación no disfruta en estos momentos) y, sobre todo, les ofrecerá protección frente a los ataques del exterior, que permitirá a Israel relajar sus dispositivos militares. También podemos esperar que se intentará abrir las áreas sagradas de Jerusalén a todos los credos relacionados con ella.[9]

La idea de una paz impuesta a Israel por una confederación de países occidentales parece un escenario muy probable hoy día. En el entorno contemporáneo podemos ver fácilmente cómo podría entrar en escena el anticristo y obligar a Israel a aceptar una paz impuesta: un trato del estilo "lo tomas o lo dejas". Después de todo, el mundo cada día se frustra más por la situación de Oriente Medio, que va de mal en peor. A muchos se les acaba la paciencia. Una paz impuesta por un líder poderoso encajaría sin duda con lo que dice la profecía que sucederá en los últimos tiempos.

En resumen, los acontecimientos que tienen lugar en nuestro mundo contemporáneo parecen indicar que la llegada del anticristo puede tener lugar pronto. Recapitulemos las evidencias que hemos analizado:

Pistas bíblicas clave para el auge del anticristo	**El escenario mundial hoy día**
El anticristo surgirá de un Imperio Romano reunificado en un momento en que sea gobernado por diez líderes.	La Unión Europea está bien establecida. Actualmente no está gobernada por un "Grupo de Diez", pero ya tiene una forma básica.
El anticristo se alzará sobre una plataforma de paz para Oriente Medio.	La crisis de Oriente Medio es el problema internacional más importante de nuestro mundo.
El anticristo se sentará en el templo reconstruido de Jerusalén y se declarará Dios.	Israel se convirtió en nación en mayo de 1948, haciéndose con el control de Jerusalén en junio de 1967. Ahora existe un movimiento creciente para reconstruir el templo.
El anticristo dominará el mundo entero en los campos de la política, la economía y la religión.	La globalización es una realidad. De hecho, en nuestro entorno mundial, es una necesidad.
El anticristo obligará a todos a ponerse su marca de lealtad si quieren sobrevivir.	La tecnología que permite hacer algo así ya existe, pero no sabemos los detalles de cómo se llevará a cabo.

El pastor y escritor David Jeremiah resume cómo las condiciones actuales de este mundo están preparadas para la venida del anticristo:

Hoy día resulta mucho más fácil imaginar la posibilidad de que exista un líder mundial así. La tecnología nos ha proporcionado comunicaciones mundiales instantáneas. La CNN se ve en todos los países del mundo. Internet y los teléfonos celulares alcanzan a todos los países sobre la faz de la Tierra. El transporte aéreo ha reducido el planeta, hasta el punto en que podemos poner los pies en cualquier país en cuestión de horas. Me han dicho que hay misiles capaces de alcanzar cualquier punto del mundo en menos de media hora. Los hombres y las naciones ya no viven aislados. También hay otros factores que hacen que el éxito de un líder mundial sea más plausible que en cualquier otro momento de la historia. La Biblia predice que el caos universal, la inestabilidad y el desorden irán aumentando a medida que nos acerquemos al final de esta era... Justo antes de que estas tensiones exploten en un caos mundial, el arrebatamiento de la iglesia despoblará buena parte del mundo... La devastación provocada por estas catástrofes disparará el clamor mundial para hallar soluciones y orden casi al precio que sea. Esto dispondrá el escenario para la aparición de un nuevo líder mundial que, como el flautista de Hamelín, prometerá una solución para todos los problemas.[10]

PARTE 4

La carrera del anticristo

"El mundo tiene el deseo de muerte de ser dominado por el anticristo."

PADRE VINCENT MICELI,
THE ANTICHRIST (1981)

¿Qué hará el anticristo durante su carrera?

La carrera del anticristo subirá y bajará casi como los fuegos artificiales encendidos el 4 de julio. Empezará con gran pompa, y relucirá poderosamente en el cielo de la política y la economía mundiales. Entonces explotará en un gran estallido de poder y de dominio durante tres años y medio. Al final se irá apagando bajo el juicio implacable de Cristo y su segunda venida. Su carrera, aunque será breve, estará llena de éxitos impactantes y de tremendos fracasos. El mundo no habrá visto nunca a nadie como él. Aunque no sabemos todo lo que sucederá durante el breve tiempo en que esté en el poder, la Biblia nos ofrece algunos detalles sobre sus actividades:

Las actividades del anticristo

1. Aparecerá en "el tiempo del fin" de la historia de Israel (Dn. 8:17).
2. Su manifestación señalará el principio del Día del Señor (2 Ts. 2:1-3).
3. Su revelación actual la impide "lo que lo detiene" (2 Ts. 2:3-7).
4. Su subida al poder se producirá por medio de programas de paz (Ap. 6:2). Establecerá un pacto de paz con Israel (Dn. 9:27). Este suceso marcará el inicio de la tribulación de siete años. Más tarde incumplirá el pacto, en el punto medio de la tribulación.
5. Hacia la mitad de la tribulación, el anticristo será asesinado o morirá violentamente (Ap. 13:3, 12, 14).
6. "Subirá del abismo" (Ap. 17:8).
7. Será devuelto a la vida (Ap. 11:7; 13:3, 12, 14; 17:8).
8. Todo el mundo quedará asombrado, y le seguirá (Ap. 13:3).
9. Estará totalmente controlado por Satanás, quien le dará su poder (Ap. 13:2-5).
10. Asesinará a tres de los diez reyes en el Imperio Romano restaurado (Dn. 7:24).
11. Los reyes concederán toda la autoridad a la bestia (Ap. 17:12-13).
12. Invadirá el territorio de Israel y profanará el templo reconstruido (Dn. 9:27; 11:41; 12:11; Mt. 24:15; Ap. 11:2).
13. Perseguirá sin piedad al pueblo judío (Dn. 7:21, 25; Ap. 12:6).
14. Se sentará en el templo en calidad de Dios (2 Ts. 2:4).

15. Será adorado como Dios durante tres años y medio (Ap. 13:4-8). Su pretensión de ser Dios irá acompañada de grandes señales y prodigios (2 Ts. 2:9-12).
16. Hablará grandes blasfemias contra Dios (Dn. 7:8; Ap. 13:6).
17. Gobernará el mundo política, religiosa y econonómicamente durante tres años y medio (Ap. 13:4-8, 16-18).
18. Llegará una segunda bestia, la cual le promocionará y hará que todo el mundo adore a la primera bestia (Ap. 13:11-18).
19. Exigirá que todos lleven su marca (666) para poder comprar y vender (Ap. 13:16-18).
20. Establecerá su capital político-económica en Babilonia (Ap. 17).
21. Él y diez reyes destruirán Babilonia (Ap. 18:16).
22. Matará a los dos testigos (Ap. 11:7).
23. Reunirá a todas las naciones contra Jerusalén (Zac. 12:1-2; 14:1-3; Ap. 16:16; 19:19).
24. Luchará contra Cristo cuando Él vuelva a la tierra, y será derrotado por completo (Ap. 19:19).
25. Será arrojado vivo al lago de fuego (Dn. 7:11; Ap. 19:20).

¿Durante cuánto tiempo gobernará el mundo?

Según las Escrituras, el reinado universal del anticristo durará tres años y medio. Sin duda estará en el escenario mundial como participante clave varios años antes de hacerse con el poder, pero no sabemos cuánto tiempo deberá esperar tras bambalinas. Al principio su auge parecerá insignificante, porque Daniel 7:8 le describe como un "cuerno pequeño". Pero al final se convertirá en un gobernante mundial, y su reinado durará un breve periodo de tres años y medio. Este periodo se afirma de distintas maneras en las Escrituras, pero siempre es el mismo tiempo.

42 meses	Apocalipsis 11:2; 13:5
tiempo, tiempos y medio tiempo (tiempo = un año; tiempos = dos años; medio tiempo = medio año)	Daniel 7:25; 12:7; Apocalipsis 12:14
1260 días (usando el calendario de 360 días, 1260 días = tres años y medio)	Apocalipsis 11:3; 12:6

El anticristo establecerá su reinado universal en un intento inútil de evitar el reino venidero de Jesucristo. Pero Cristo vendrá con gran poder y gloria durante su segunda venida para destruir al anticristo y establecer su reino terrenal, que perdurará mil años.

¿Qué relación tiene el anticristo con Babilonia?

Apocalipsis 13 revela el imperio de los últimos tiempos del anticristo como un reinado que abarcará los ámbitos político, económico y religioso mundiales. Apocalipsis 17 nos ofrece una descripción adicional de su reinado y nos revela el estrecho vínculo entre la bestia y Babilonia. Algunos han llamado a este pasaje "la bella sobre la bestia".

> Y me llevó en el Espíritu al desierto; y vi a una mujer sentada sobre una bestia escarlata llena de nombres de blasfemia, que tenía siete cabezas y diez cuernos. Y la mujer estaba vestida de púrpura y escarlata, y adornada de oro, de piedras preciosas y de perlas, y tenía en la mano un cáliz de oro lleno de abominaciones y de la inmundicia de su fornicación; y en su frente un nombre escrito, un misterio: Babilonia la grande, la madre de las rameras y de las abominaciones de la tierra. Y la mujer que has visto es la gran ciudad que reina sobre los reyes de la tierra (vv. 3-5, 18).

Durante los últimos tiempos, se cerrará el círculo iniciado con la antigua torre de Babel. En Génesis 10-11 el primer gran líder del mundo, Nimrod, construyó una gran ciudad (Babilonia) y también un sistema religioso maligno. Babilonia, en Génesis, era tanto una ciudad como un sistema. En Apocalipsis 17—18, se vuelve a mencionar a Babilonia como una gran ciudad y un sistema religioso-comercial, todo en uno, y la ciudad y la bestia están estrechamente relacionadas la una con la otra. Babilonia, retratada como una prostituta descarada, cabalga sobre el lomo de la bestia, o el anticristo. Esto seguramente nos indica que la bestia respalda a la mujer mientras ella inicialmente ejerce cierto tipo de control sobre la bestia. En otras palabras, que estarán estrechamente relacionadas y dependerán la una de la otra.

Pero, ¿qué es Babilonia? Si bien muchos creen que Babilonia (en el libro de Apocalipsis) es el nombre en clave de Roma, de Nueva York o de alguna otra gran ciudad de los últimos tiempos, yo creo que se refiere a la ciudad de Babilonia reconstruida literalmente junto al río Éufrates, que está en el Irak moderno, y que funcionará como la sede política del anticristo. Este es el punto de vista que se expone en la popular serie de libros *Dejados atrás*, de Tim LaHaye y Jerry Jenkins. En el primer libro, *Dejados atrás*, aparece la siguiente conversación:

> —Quiere trasladar las Naciones Unidas.
> —¿Trasladarla?
> Esteban asintió.
> —¿Adónde?...
> —Quiere trasladarla a Babilonia...
> —Sé que han estado renovando esa ciudad durante años. Millones de dólares invertidos en hacer qué, ¿Nueva Babilonia?
> —Billones...
> —Dentro de un año la sede de las Naciones Unidas se trasladará a Nueva Babilonia.[1]

En la novela, el anticristo, Nicolás Carpatia, traslada las Naciones Unidas y su sede mundial a la ciudad reconstruida de Babilonia, llamada Nueva Babilonia, que está situada a las orillas del río Éufrates en Irak. Si bien *Dejados atrás* es ficción, este suceso sobrecogedor, el auge de la Nueva Babilonia, se basa en antiguas profecías bíblicas que todavía no se han cumplido.

Hay diversos motivos que me inducen a pensar que Babilonia será una ciudad literal reconstruida, y a continuación le ofreceré algunos de los más importantes. Primero, el nombre "Babilonia" aparece casi 300 veces en la Biblia y, con una posible excepción en 1 Pedro 5:13, siempre hace referencia a una ciudad literal de Babilonia situada en lo que hoy día conocemos como Irak. La gran ciudad de los últimos tiempos del anticristo se menciona con el nombre "Babilonia" seis veces en Apocalipsis (14:8; 16:19; 17:5; 18:2, 10, 21). Dado que el término "apocalipsis" (griego = *apokalupsis*) en Apocalipsis 1:1 se refiere a algo revelado o descubierto, sería extraño interpretar "Babilonia" literalmente en todos los demás pasajes de la Biblia, y luego insistir repentinamente en un sentido simbólico cuando aparece "Babilonia" en el último libro de las Escrituras.

Segundo, los otros puntos geográficos mencionados en Apocalipsis se entienden literalmente. Esos lugares incluyen Patmos, Éfeso, Esmirna, Pérgamo, Tiatira, Sardis, Filadelfia, Laodicea, Armagedón y la Nueva Jerusalén. Si entendemos todos estos lugares en un sentido literal, ¿por qué no aceptar Babilonia también en ese sentido? Como señala Henry Morris: "Por consiguiente, en ausencia de cualquier afirmación que diga lo contrario dentro de este contexto, debemos asumir que el término Babilonia se aplica a la ciudad real de Babilonia, aunque también pueda extenderse mucho más allá para abarcar todo el sistema centrado en esa ciudad".[2]

Tercero, la Biblia predice repetidas veces que Babilonia padecerá una destrucción cataclísmica, repentina, algo que nunca ha sucedido. Por ejemplo, Isaías 13:4-5 dice: "Estruendo de multitud en los montes, como de mucho pueblo; estruendo de ruido de reinos, de naciones reunidas; Jehová de los ejércitos pasa revista a las tropas para la batalla. Vienen de lejana tierra, de lo postrero de los cielos, Jehová y los instrumentos de su ira, para destruir toda la tierra".

Isaías sigue diciendo en 13:10-13:

> Por lo cual las estrellas de los cielos y sus luceros no darán su luz; y el sol se oscurecerá al nacer, y la luna no dará su resplandor. Y castigaré al mundo por su maldad, y a los impíos por su iniquidad; y haré que cese la arrogancia de los soberbios, y abatiré la altivez de los fuertes. Haré más precioso que el oro fino al varón, y más que el oro de Ofir al hombre. Porque haré estremecer los cielos, y la tierra se moverá de su lugar, en la indignación de Jehová de los ejércitos, y en el día del ardor de su ira.

En este capítulo parece que el profeta Isaías estaba mirando por el pasillo de los siglos hasta el momento de la destrucción futura de Babilonia en los últimos tiempos, porque nada como esto le ha sucedido a Babilonia desde que se pronunció esa profecía. En Mateo 24:29, el propio Jesús citó Isaías 13:10 cuando describió las señales siderales que acompañarán su segunda venida al mundo; esto constituye una indicación clara de que Jesús consideraba que el cumplimiento de Isaías 13:10 tendría lugar en el futuro.

Según parece, Isaías también se refiere a la destrucción de Babilonia en relación con la segunda venida de Cristo, en Isaías 13:20-22:

> [Babilonia] Nunca más será habitada, ni se morará en ella de generación en generación; ni levantará allí tienda el árabe, ni pastores tendrán allí majada; sino que dormirán allí las fieras del desierto, y sus casas se llenarán de hurones; allí habitarán avestruces, y allí saltarán las cabras salvajes. En sus palacios aullarán hienas, y chacales en sus casas de deleite; y cercano a llegar está su tiempo, y sus días no se alargarán.

Isaías 13:19 dice incluso que cuando Babilonia sea destruida finalmente será "como Sodoma y Gomorra, a las que trastornó Dios". El profeta Jeremías dice lo mismo:

> Vuestra madre se avergonzó mucho, se afrentó la que os dio a luz; he aquí será la última de las naciones; desierto, sequedal y páramo. Por la ira de Jehová no será habitada, sino será asolada toda ella... Venid contra ella desde el extremo de la tierra; abrid sus almacenes, convertidla en montón de ruinas, y destruidla; que no le quede nada... Por tanto, allí morarán fieras del desierto y chacales, morarán también en ella polluelos de avestruz; nunca más será poblada ni se habitará por generaciones y generaciones. Como en la destrucción que Dios hizo de Sodoma y de Gomorra y de sus ciudades vecinas, dice Jehová, así no morará allí hombre, ni hijo de hombre la habitará (Jer. 50:12-13, 26, 39-40).

Por lo que respecta al cumplimiento histórico de estos versículos, tanto las Escrituras como la historia nos evidencian que todavía no ha sucedido nada de esto. Creo que el cumplimiento literal de este pasaje tendrá lugar durante los últimos tiempos, y que sucederá en la ciudad de Babilonia reconstruida.

Cuarto, hoy día Babilonia ocupa una situación geográfica crucial para dominar Oriente Medio, que es el punto más problemático del mundo además del lugar donde se concentran dos tercios de las reservas de petróleo conocidas del mundo. Henry Morris subraya las ventajas de Babilonia como capital mundial:

> A pesar de todo, no hay duda de que Babilonia es un candidato principal para la reconstrucción aunque no tengamos en cuenta las profecías. Su situación geográfica es la más ideal del mundo para albergar cualquier tipo de centro internacional. No solo se encuentra en la hermosa y fértil llanura de los ríos Tigris y Éufrates, sino que está cerca de algunas de las reservas petrolíferas más importantes del mundo. Los estudios informáticos realizados para el Institute of Creation Research han demostrado, por ejemplo, que Babilonia se encuentra muy cerca del centro

> geográfico de todas las masas de tierra del mundo. Se encuentra a una distancia navegable del golfo Pérsico y en la encrucijada de los tres grandes continentes de Europa, Asia y África. Por consiguiente, no existe un punto mejor en todo el planeta para situar un centro de comercio internacional, un centro de comunicaciones universal, la sede del Banco Mundial, un centro educativo universal o, sobre todo, ¡una capital mundial! El mayor historiador de los tiempos modernos, Arnold Toynbee, solía recalcar a todos sus lectores y oyentes que Babilonia sería el mejor lugar del mundo para construir una metrópolis cultural universal en el futuro. Contando con todas estas ventajas, unidas al gran progreso llevado a cabo por los iraquíes, no es una exageración sugerir que la capital futura del "reino de las Naciones Unidas" es la federación de diez países.[3]

De la misma manera que muchas personas del pasado cuestionaron cómo sería posible que Israel volviera a ser una nación, hoy día muchos se preguntan cómo podría ser Babilonia la sede central del anticristo durante los últimos tiempos. Algunos preguntan también: "Si Babilonia tiene que ser reconstruida, ¿hasta qué punto estamos cerca de la venida de Cristo? Después de todo, hará falta un tiempo para reconstruir Babilonia y convertirla en la ciudad descrita en Apocalipsis 17—18". Sin embargo, debemos recordar que el arrebatamiento podría producirse hoy mismo, y la tribulación no comenzar hasta varios meses o incluso varios años más tarde. El arrebatamiento no es el suceso que marca el inicio de la tribulación. Más bien, esta comenzará cuando el anticristo firme su tratado de paz con Israel. No cabe duda de que habrá un tiempo adicional para preparar el escenario entre el arrebatamiento y el inicio de la tribulación. No sabemos cuál será la duración de ese periodo, pero podría ser muy dilatado. Si es así, esto ayudaría a responder las preguntas sobre cómo podrían encajar las cosas (o no) tras el arrebatamiento.

Sabiendo lo que dice la Biblia sobre Babilonia durante los últimos tiempos, y su relación con el gobernante mundial venidero, no debería sorprendernos en absoluto la atención que ha prestado el mundo a Irak en las últimas décadas. El hecho de que Irak haya surgido de una relativa oscuridad para jugar un papel importante en los acontecimientos del mundo no es una casualidad. Además, las tremendas cantidades de petróleo que hay en Irak, que pueden generar grandes riquezas para el país, no son solo una racha de buena suerte. Dios fue quien puso ahí el petróleo. El lugar que ocupa Irak en el punto de mira del mundo podría ser un preludio perfecto de la reconstrucción de Babilonia en el futuro cercano. El resurgimiento de Irak, los esfuerzos que ya se han hecho para restaurar y reconstruir Babilonia y las ricas reservas petrolíferas disponibles para financiar esa reconstrucción de la ciudad, son elementos que posibilitan que Babilonia pueda ser la sede de los últimos tiempos para el anticristo.

¿Será asesinado y resucitará?

En varios puntos de este libro he mencionado el hecho de que el anticristo morirá y resucitará. Pero, ¿de verdad lo hará, o será todo un fraude? El pasaje bíblico que describe este suceso es Apocalipsis 13:3-4:

> Vi una de sus cabezas como herida de muerte, pero su herida mortal fue sanada; y se maravilló toda la tierra en pos de la bestia, y adoraron al dragón que había dado autoridad a la bestia, y adoraron a la bestia, diciendo: ¿Quién como la bestia, y quién podrá luchar contra ella?

Apocalipsis 17:8 es un pasaje paralelo:

> La bestia que has visto, era, y no es; y está para subir del abismo e ir a perdición; y los moradores de la tierra, aquellos

cuyos nombres no están escritos desde la fundación del mundo en el libro de la vida, se asombrarán viendo la bestia que era y no es, y será.

Hay tres puntos de vista principales sobre el significado de estos textos. Algunos creen que la muerte y la resurrección descritas se refieren al final del Imperio Romano en 476 d. C., y a su avivamiento en los últimos tiempos. En otras palabras, estos pasajes hablan de que no es un hombre quien resucita, sino el *imperio*.

Ahora bien, es cierto que la bestia en Apocalipsis habla tanto del imperio como de su emperador, del reino y de su rey. Como ya hemos visto a menudo en la historia, en ocasiones un gran líder casi no puede distinguirse de su reino. Se dice que Luis XIV dijo en determinado momento: "Yo soy Francia". Aquí la cuestión es de qué nos hablan estos pasajes. A mí me parece que Apocalipsis 13:3-4 y 17:8 nos están hablando del gobernante del imperio.

Hay dos motivos principales que respaldan este punto de vista. Primero, el lenguaje de Apocalipsis 13 parece que se refiere, en su mayor parte, a un individuo. Los pronombres "él" y "su" se usan repetidas veces. Y la segunda bestia, según Apocalipsis 13:11-8, hará una imagen de la primera, "cuya herida mortal fue sanada" (v. 12). Sería extraño que la segunda bestia levantara una imagen de un *imperio* que había muerto y vuelto a existir. Por tanto, tiene más sentido entender la bestia como una persona.

Segundo, ¿de verdad el avivamiento del Imperio Romano dejaría al mundo boquiabierto, como se nos dice en Apocalipsis 13:3? Este versículo dice que después de que la bestia sea muerta y resucite, "toda la tierra" se "asombrará" e irá en pos de ella. Este es *el* suceso que conduce a la bestia a obtener una gran popularidad, y hace que todo el mundo caiga a sus pies. Esta reacción sería mucho más probable si se refiere a un hombre que a un imperio. La reconstrucción del Imperio Romano no dejaría al mundo anonadado, ni haría que todo el mundo se quedase pasmado y siguiera al imperio.

Pero si fuera asesinado un líder mundial importante, de una herida grave en la cabeza, y unos días más tarde volviera a la vida, entonces sí podríamos esperar una reacción tan imponente.

El comentarista bíblico John Phillips capta bien el sentido cuando dice:

> Con este milagro, una obra maestra, el diablo pone al mundo a los pies del mesías… El milagro de la resurrección es lo que se nos ofrece como motivo de la popularidad de la bestia. Sin duda todo el asunto estará gestionado por Satanás y el falso profeta, para causar el máximo impacto sobre la humanidad. Su maquinaria de propaganda se ocupará de que el milagro se magnifique y se elabore hasta el grado máximo.[4]

Un tercer motivo para pensar que Apocalipsis 13:3-4 y 17:8 se aplican a un hombre antes que a un imperio renovado es que, como dice Warren Wiersbe: "sería difícil entender cómo se puede matar un imperio con una espada. Creo que es mejor aplicar esta profecía a personas individuales".[5] Estoy de acuerdo. El líder del Imperio Romano reunificado es la figura primordial de la que habla Apocalipsis 13:1-10. Pero esto nos lleva a la siguiente pregunta.

¿Parodia o realidad?

Los otros dos puntos de vista sobre esta muerte y esta resurrección sostienen que se refieren a un individuo. Por supuesto, esto nos lleva a una pregunta que formulan muchos cristianos: esta resurrección de la bestia durante la tribulación, ¿es real, o solo es un truco barato? ¿Es auténtica, o solo un fraude más?

Muchos comentaristas bíblicos y maestros de profecía, personas de gran reputación y dignas de confianza, sostienen que, dado que Satanás no tiene el poder para dar vida, esa muerte y esa resurrección solo *parecerán* reales. Dicen que en realidad el anticristo no morirá. Por ejemplo, J. Vernon McGee dijo:

> Solo Cristo puede resucitar a los muertos, tanto a los salvados como a los perdidos. Satanás no tiene poder para resucitar a los muertos. No es dador de vida. Es un demonio, destructor, asesino... Creo que la bestia será un hombre que llevará a cabo una resurrección falsa, una imitación. Este será el gran engaño, la gran mentira del gran periodo de la tribulación... No aceptarán la resurrección de Cristo, pero sin duda orquestarán la del anticristo... Nadie puede repetir la resurrección de Cristo; puede imitarla, pero no reproducirla. Sin embargo el anticristo la imitará de una manera que engañará al mundo: es la gran mentira. Los creyentes dicen: "¡Cristo ha resucitado!". Aquel día los incrédulos se jactarán diciendo: "¡El anticristo también!". El Imperio Romano volverá a existir bajo la mano cruel de un hombre que fingió resucitar, y ese mundo crédulo que rechazó a Cristo quedará totalmente engañado por esta manipulación.[6]

Aunque estoy totalmente de acuerdo con aquellos que dicen que solo Dios tiene el poder de resucitar a los muertos, yo (y algunos otros maestros y comentaristas bíblicos) creen que el anticristo parodiará a Cristo hasta tal punto que morirá de verdad y luego volverá a la vida. Permítame explicarle qué me lleva a esta conclusión.

Primero, creo que las señales, prodigios y milagros que realiza un agente satánico son realmente milagrosos. Jesús (en Mt. 24:4-5, 11, 24), Pablo (en 2 Ts. 2:9) y Juan (en Ap. 13:13-15; 16:13-14; 19:20) describen las obras milagrosas realizadas por Satanás usando el mismo lenguaje que emplean para describir los milagros realizados por el propio Jesús. Parece que durante la tribulación, un tiempo en que no estará aquel que le detiene, se liberará un poder satánico sin precedentes. Ahora, en esta era, Dios Espíritu Santo limita al anticristo para que no haga determinadas cosas (2 Ts. 2:6-7). Pero una vez el Espíritu Santo se aparte, el mundo verá un aumento dramático de la cantidad y el grado de la actividad satánica: "inicuo cuyo advenimiento es por obra de Satanás, con gran poder y señales y prodigios mentirosos" (2 Ts. 2:9).

Pablo dijo concretamente que "Dios les envía un poder engañoso" (2 Ts. 2:11). Es decir, que Dios "enviará" esta actividad a los habitantes del mundo. Su propósito es "que crean la mentira, a fin de que sean condenados todos los que no creyeron a la verdad, sino que se complacieron en la injusticia" (2 Ts. 2:11-12).

Ahora veamos algunas de las razones por las que parece que la bestia de Apocalipsis se levantará de los muertos y realizará auténticos milagros durante la tribulación.

Señales, prodigios y milagros

En el Nuevo Testamento, el lenguaje usado primordialmente para describir los milagros de Cristo y de los apóstoles son las palabras "señales", "prodigios" y "milagros". El término griego para "señal" es *semeion* y significa "marca distintiva", algo que sirve para identificar. Se usa para hablar de los milagros de Cristo y de los apóstoles en numerosos pasajes (Mt. 12:38; 16:1, 4; Mr. 8:11, 12; 16:17, 20; Lc. 11:16, 29; 23:8; Jn. 2:11, 18, 23; 3:2; 4:48, 54; 6:2, 14, 26, 30; 7:31; 9:16; Hch. 2:22, 43; 4:16, 30; 5:12; 6:8; 7:36; 14:3; 15:12; Ro. 15:19; 1 Co. 1:22; 2 Co. 12:12; He. 2:4).[7] Esta es la palabra más frecuente usada para describir las obras milagrosas de Cristo y de sus apóstoles.

En el Nuevo Testamento, para hablar de los milagros también se utiliza la palabra griega *teras*, que se puede traducir como "prodigio, maravilla".[8] El sustantivo "prodigio" aparece 16 veces en el Nuevo Testamento, y siempre va unido al término "señales" (Mt. 24:24; Mr. 13:22; Jn. 4:48; Hch. 2:19, 22, 43; 4:30; 5:12; 6:8; 7:36; 14:3; 15:12; Ro. 15:19; 2 Co. 12:12; 2 Ts. 2:9; He. 2:4). Todos estos pasajes, menos 2 Tesalonicenses 2:9, describen los milagros que hicieron Cristo y los apóstoles y denotan "algo tan extraordinario que induce a otros a 'contemplarlo' u 'observarlo'".[9]

El resto de palabras griegas que se usan para hablar de los milagros son *dunamis* y *energeia*, que suelen traducirse por "milagros" y "obras". "Ambas señalan a la causa sobrenatural y no tanto al efecto producido",[10] concluye Harris. Aparte de en 2 Tesalonicenses 2:9, estas palabras siempre se refieren a "las obras de Dios".[11] Philip Edgcumbe Hughes cohesiona todo esto en la siguiente declaración:

> Es mejor pensar que las señales, prodigios y milagros pertenecen a una misma clase, en lugar de dividirlos en tres formas distintas de manifestación... De este modo, una señal, que es la palabra que se usa coherentemente en el cuarto Evangelio para hablar de las obras milagrosas de Cristo, indica que el suceso no es una ostentación vacía de poder, sino que es importante porque, como una señal, apunta más allá de sí mismo, a la realidad de la mano poderosa de Dios que obra. Un prodigio es un suceso que, debido a su carácter sobrehumano, suscita el temor reverente y la sorpresa por parte del espectador. Un milagro (o "poder", literalmente) subraya el carácter dinámico del suceso, incidiendo concretamente en su resultado o efecto.[12]

Sorprendentemente, las palabras que acabamos de mencionar para describir las obras milagrosas de Cristo y los apóstoles son también las que se usan para describir "los milagros realizados durante la tribulación por los aliados de Satanás".[13] El vocablo "señales" se usa para hablar de los milagros satánicos durante esa época (Ap. 13:13-14; 16:14), "y se utiliza la misma combinación de palabras: grandes señales y prodigios (Mt. 24:24; Mr. 13:22), poder y señales y prodigios (2 Ts. 2:9)".[14] Cabe destacar especialmente 2 Tesalonicenses 2:9, que hablando del hombre de pecado dice que es aquel "cuyo advenimiento es por obra de Satanás, con gran poder y señales y prodigios mentirosos". Parece que la Biblia nos dice que estos milagros serán parecidos a los que hizo nuestro Señor. "El adjetivo *pseudos* ('mentirosos' o 'falsos') tiene que ver con el resultado de los milagros, no con su falta de autenticidad o de un origen sobrenatural".[15] Como veremos en seguida, el lenguaje que usaron los escritores neotestamentarios inspirados no permite el sentido de que estas obras satánicas son meros trucos de prestidigitación.

> Y entonces se manifestará aquel inicuo, a quien el Señor matará con el espíritu de su boca, y destruirá con el resplandor de su venida; inicuo cuyo advenimiento es por obra de Satanás, con gran poder y señales y prodigios mentirosos, y con todo engaño de iniquidad para los que se pierden, por cuanto no recibieron el amor de la verdad para ser salvos. Por esto Dios les envía un poder engañoso, para que crean la mentira, a fin de que sean condenados todos los que no creyeron a la verdad, sino que se complacieron en la injusticia (2 Ts. 2:8-12).

Por tanto, los pasajes bíblicos que hablan de los milagros satánicos realizados por medio del anticristo y del falso profeta usan exactamente el mismo lenguaje que se utiliza para hablar de los milagros de Cristo durante su primera venida. Este hecho respalda el concepto de que la tribulación será un momento único en la historia, durante el cual Dios permitirá que Satanás haga milagros para engañar a quienes rechacen la oferta de salvación de Cristo.

Un lenguaje idéntico

Apocalipsis 13:3 nos dice que la bestia padecerá una "herida mortal" que será "sanada". Este capítulo dice también que el falso profeta "hace que la tierra y los moradores de ella adoren a la primera bestia, cuya herida mortal fue sanada" (13:12); "también hace grandes señales, de tal manera que aun hace descender fuego del cielo a la tierra delante de los hombres" (13:3); "y engaña a los moradores de la tierra con las señales que se le ha permitido hacer en presencia de la bestia, mandando a los moradores de la tierra que le hagan imagen a la bestia que tiene la herida de espada, y vivió" (13:14); y "se le permitió infundir aliento a la imagen de la bestia, para que la imagen hablase" (13:15). Si Satanás recibirá el poder necesario para hacer que hable un ídolo inerte, como afirma Apocalipsis 13:15, ¿por qué no sería posible para él (con el permiso de Dios) resucitar a un hombre de entre los muertos?[16]

Como observa Gregory Harris: "un punto que apoya la idea de que esa herida es mortal es que se usa el mismo lenguaje para hablar de la muerte y de la resurrección de Cristo".[17] Apocalipsis 5:6 describe al Cordero como inmolado (*hos esphagmenen*), las mismas palabras usadas para la herida recibida por la bestia (*hos esphagmenen*) en Apocalipsis 13:3. Dada su estrecha similitud, Ryrie concluye: "Si Cristo murió de verdad, parece que este dirigente también morirá de verdad. Pero su herida será sanada, lo cual solo puede significar una restauración de su vida... Aparentemente muere, desciende al abismo y regresa a la vida".[18]

Además, "la palabra que se refiere al regreso a la vida de la bestia se parece a la que se usa para hablar de la resurrección de Cristo. Jesús es aquel que 'estuvo muerto y vivió [*ezesen*]' (Ap. 2:8). Y la bestia será la 'que tiene la herida de espada, y vivió [*ezesen*]' (13:14)".[19] Comparando las afirmaciones sobre la muerte de Cristo en Apocalipsis 5:6 y la muerte de la bestia en Apocalipsis 13, J. B. Smith dice: "Dado que las palabras del primer pasaje expresan la muerte violenta de Cristo, el último emperador romano también padecerá una muerte violenta. En ambos casos son evidentes las señales o indicaciones de una muerte violenta".[20]

Para respaldar esta opinión tenemos el hecho de que Apocalipsis 17:8, 11 se refiere a la bestia que "fue y no es". Gregory Harris comenta: "Esto puede referirse a la herida del anticristo en 13:3, 12 y 14. Las palabras 'no es' se refieren a la muerte física de la bestia, seguida de su ascenso desde el abismo (17:8), una referencia a su regreso a la vida (13:14), y es la misma que habla de su reaparición como el octavo rey de 17:11".[21] Como destaca John Phillips: "La bestia tiene dos venidas. Aparece primero como la 'bestia que sale del mar' (13:1), y más tarde, tras su asesinato, como 'la bestia del abismo' (17:8)".[22]

En 2 Tesalonicenses 2:11-12 leemos: "Por esto Dios les envía un poder engañoso, para que crean la mentira, a fin de que sean condenados todos los que no creyeron a la verdad, sino que se complacieron en la injusticia". Dios es aquel que permitirá a Satanás y a sus seguidores hacer milagros parecidos a los milagros genuinos que hicieron Jesús y sus discípulos. Harris nos dice:

> No debemos descartar a la ligera la posibilidad de que la bestia regrese a la vida (gracias al permiso soberano de Dios o a su participación activa). En otras palabras, no es imposible que el anticristo regrese a la vida gracias a las circunstancias únicas de la tribulación y a la creciente capacidad del poder satánico durante esa época, así como de la ampliación divina de los parámetros de lo que permitirá o realizará directamente.[23]

Por estos motivos, creo que el anticristo morirá y resucitará de verdad, en una parodia chocante de la muerte y resurrección de Jesucristo. Este suceso asombroso tendrá lugar en el punto medio de la tribulación de siete años, y coincidirá con el momento en que Satanás sea expulsado de los cielos y disponga de un tiempo breve para realizar su obra de destrucción (Ap. 12:12). Al darse cuenta de que se le acaba el tiempo, Satanás imitará la resurrección de Cristo y poseerá al anticristo. Esto formará parte del engaño dramático que Dios permitirá durante ese tiempo especial al final de la era. A partir de ese momento, tras haber regresado de la perdición y ser poseído por Satanás, el anticristo tendrá el poder para realizar todo tipo de señales, prodigios y milagros, y organizará su gran obra engañadora final.

J. B. Smith describe el impacto que tendrá este suceso asombroso sobre el mundo de los últimos tiempos: "De la misma manera que la extensión y la perpetuación tempranas de la fe cristiana se fundamentan en la resurrección de Cristo, la adoración y el homenaje prácticamente universales que se tributarán a la bestia en la última parte del periodo de la tribulación solo se pueden explicar mediante la resurrección del emperador romano caído".[24]

¿Quién es el falso profeta y cuál es su relación con el anticristo?

Según Apocalipsis 13:11-18, el anticristo no llegará al poder solo. Será catapultado al poder y disfrutará de un éxito sin precedentes como resultado del engaño universal fomentado por un hombre al que las Escrituras llaman "el falso profeta" (Ap. 16:13). Su capacidad de realizar milagros, señales y prodigios le permitirá convencer al mundo de que el anticristo es el líder que han estado esperando, el hombre que tiene un plan, el hombre que puede resolver los problemas mundiales.

Siempre ha habido falsos profetas y maestros. Uno de los métodos principales que utiliza Satanás es hacer imitaciones fraudulentas y corruptas del verdadero mensaje de Dios por medio de mensajeros falsos. Durante los últimos tiempos hará esto todavía más. La Biblia dice que en los últimos días del planeta Tierra vendrán muchos falsos profetas que realizarán grandes señales y prodigios y que pronunciarán mentiras engañosas (Mt. 24:24). En medio de este pantano de engaños, surgirá un falso profeta que se destacará de los demás por su capacidad de atraer la atención del mundo. En Apocalipsis se le llama tres veces "el falso profeta" (16:13; 19:20; 20:10), y también es conocido como "la otra bestia" o la segunda bestia, en Apocalipsis 13:11-18.

Si bien se han escrito muchas cosas acerca del anticristo, se ha escrito relativamente poco sobre el falso profeta. Sin embargo, este constituye un personaje central en los sucesos venideros de la tribulación. Es la tercera persona de la trinidad impía de los últimos tiempos (ver Ap. 16:13; 19:20—20:2; 20:10). Como dijo Donald Grey Barnhouse:

> El diablo está haciendo su último intento, el mayor de todos, un intento furioso para hacerse con el poder y establecer su

reino en este mundo. Lo mejor que sabe hacer es imitar a Dios. Dado que Dios ha alcanzado el éxito por medio de una encarnación y la obra posterior del Espíritu Santo, el diablo obrará por medio de una encarnación en el anticristo y mediante un espíritu impío.[25]

Dentro de la trinidad infernal, Satanás es el Padre fraudulento (el anti-Padre), el anticristo es el Hijo fraudulento (el anti-Hijo), y el falso profeta es la imitación satánica del Espíritu Santo (el anti-Espíritu). Esta es la trinidad infernal.

La santa Trinidad

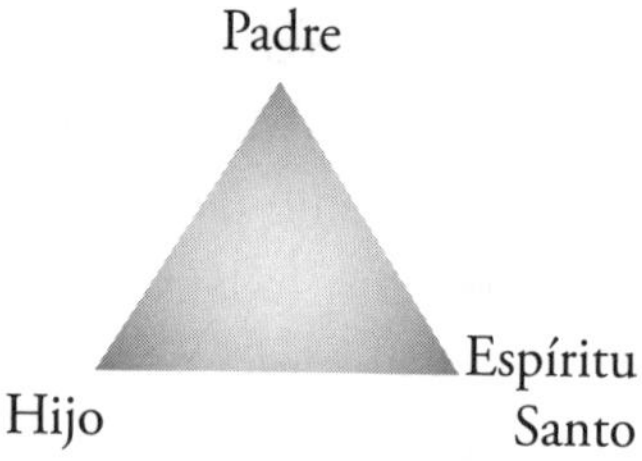

La trinidad impía

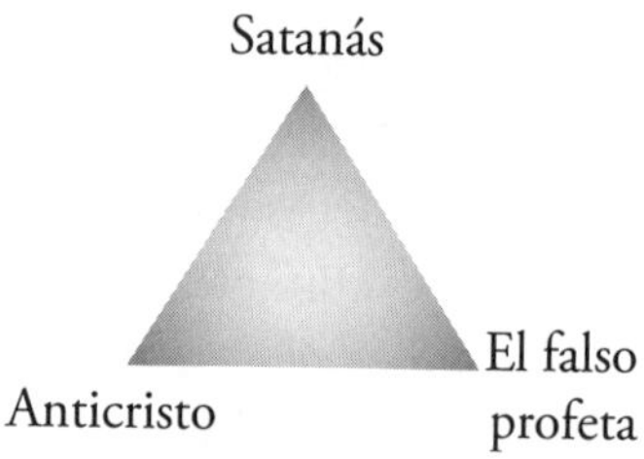

De la misma manera que un ministerio esencial del Espíritu Santo es glorificar a Cristo y llevar a las personas a confiar en Él y adorarle, un ministerio esencial del falso profeta será glorificar al anticristo y hacer que las personas confíen en él y le adoren. Estas son cinco de las maneras principales en las que el falso profeta imitará el ministerio del Espíritu Santo:

Espíritu Santo	El falso profeta
Lleva a los hombres a Cristo	Lleva a los hombres al anticristo
Instrumento de revelación divina	Instrumento de revelación satánica

Sella a los creyentes para Dios	Marca a los incrédulos con el número del anticristo
Edifica el cuerpo de Cristo	Edifica el imperio del anticristo
Ilumina a los hombres con la verdad	Engaña a los hombres con milagros

El anticristo, o la primera bestia de Apocalipsis 13, será principalmente una figura militar y política, mientras que la segunda bestia será en esencia un personaje religioso. Será una especie de "Juan el Bautista satánico" que preparará el camino para la llegada del anticristo. El falso profeta será el jefe de la propaganda y el portavoz de la bestia, su mano derecha, su colega más íntimo. Dirigirá al mundo en la adoración falsa de su emperador. El anticristo y el falso profeta se mencionan juntos en cuatro pasajes del Nuevo Testamento:

1. Apocalipsis 13:1-18	Compartirán un mismo objetivo.
2. Apocalipsis 16:13	Compartirán un programa común para el mundo.
3. Apocalipsis 19:20	Compartirán la misma sentencia.
4. Apocalipsis 20:10	Compartirán el mismo destino.

Thomas Ice y Timothy Demy mencionan esta conexión estrecha: "El anticristo y el falso profeta son dos individuos distintos que colaborarán para alcanzar una meta común y engañosa. Sus roles y su relación serán los que eran habituales en el mundo antiguo entre un gobernante (anticristo) y el sumo sacerdote (falso profeta) de la religión nacional".[26]

¿Judío o gentil?

Los estudiosos de la Biblia discrepan respecto a la identidad étnica del falso profeta. Algunos creen que será judío, mientras que otros sostienen que será gentil. Quienes piensan que tendrá ascendencia judía apuntan a Apocalipsis 13:11: "Después vi otra bestia que subía de la tierra; y tenía dos cuernos semejantes a los de un cordero, pero hablaba como dragón". Apocalipsis 13:1 dice que la primera bestia, el gobernante político, saldrá "del mar". Como dijimos antes, el mar en Apocalipsis simboliza a las naciones gentiles (Ap. 17:15). Pero en Apocalipsis 13:11 muchos maestros de profecía entienden la palabra "tierra" como sinónimo de "territorio", o una referencia al territorio de Israel. Por tanto, concluyen que la segunda bestia debe ser un judío. Si bien es posible, ciertamente, que "tierra" se refiera a Israel, parece mejor entender ese término como contraste con el cielo. Sin embargo, sea como fuere, la Biblia no es concluyente sobre este tema. No nos dice lo suficiente como para estar seguros de la respuesta. Pero dado que la segunda bestia trabaja tan estrechamente con el anticristo, que según parece en el texto bíblico es un gentil, tiene sentido que el falso profeta también lo sea.

La obra del falso profeta

Hay tres elementos esenciales de la obra del falso profeta, según se describen en Apocalipsis 13:11-18: su apariencia engañosa, su autoridad demoníaca y su actividad letal.

Su apariencia engañosa (Ap. 13:11)

"Después vi otra bestia que subía de la tierra; y tenía dos cuernos semejantes a los de un cordero, pero hablaba como dragón." ¡Esto sí que es un engaño total! Aquí tenemos a un hombre descrito como una bestia salvaje, un cordero y un dragón.

Tiene la naturaleza de una bestia salvaje.	Es hostil contra el rebaño de Dios, y hace estragos entre su pueblo.
Tiene el aspecto de un cordero.	Parece pacífico, tierno, cariñoso e inofensivo.
Tiene la voz de un dragón.	Es la voz del propio infierno, que vomita las mentiras ardientes de Satanás. Cuando habla, es el portavoz de Satanás.

John Phillips resume la apariencia engañosa y la actividad letal del falso profeta:

> El papel del falso profeta consistirá en hacer que la nueva religión parezca atractiva para los hombres. Sin duda amalgamará todas las características de los sistemas religiosos humanos, apelará a la personalidad global del hombre y aprovechará al máximo sus apetitos carnales. El atractivo dinámico del falso profeta radicará en su habilidad para combinar la conveniencia política con la pasión religiosa, el interés propio con la filantropía benevolente, los sentimientos elevados con los sofismas más flagrantes, la piedad moral con la autoindulgencia ilimitada. Sus argumentos serán sutiles, convincentes y atractivos. Su oratoria será hipnótica, porque será capaz de hacer llorar a las masas o agitarlas hasta el frenesí. Controlará los medios de comunicación del mundo y organizará hábilmente la publicidad de masas para alcanzar sus fines. Será el maestro de cualquier instrumento de promoción y un genio de las relaciones públicas. Manipulará la verdad con una astucia inexpresable, tergiversándola, retorciéndola y distorsionándola. Dominará la opinión pública. Moldeará la forma de pensar del mundo y la opinión humana como si fueran barro de alfarero. Su atractivo mortífero radicará en el hecho de que lo que diga parecerá tan justo, tan sensato, tan identificado con lo que los hombres no regenerados siempre han querido escuchar.[27]

Su autoridad demoníaca (Ap. 13:12)

Apocalipsis 13:12 dice que la segunda bestia "ejerce toda la autoridad de la primera bestia en presencia de ella, y hace que la tierra y los moradores de ella adoren a la primera bestia, cuya herida mortal fue sanada". Es decir, que el falso profeta tendrá una gran autoridad, que el anticristo delegará en él. Su misión será utilizar todos los medios que le proporcione el anticristo para hacer que todos los habitantes del mundo adoren a la bestia. Llevará a cabo los planes y los deseos del anticristo, y dirigirá el culto universal de adoración a su amo. Su poder tendrá también el mismo origen que el de la primera bestia: el propio Satanás. Como sucedió con Joseph Goebbels y con Hitler, estará inspirado por la misma autoridad y compartirá el mismo programa diabólico que el anticristo.

Su actividad letal (Ap. 13:13-18)

En Apocalipsis 13:13-18 se plasman siete actividades mortíferas del falso profeta. Estas actividades nos revelan cómo utilizará su influencia y su experiencia durante los tiempos de la gran tribulación.

1. Surgirá de la tierra (13:11)

Como ya hemos visto, algunos estudiosos de las profecías bíblicas entienden que esto significa que el falso profeta será judío. La primera bestia, o anticristo, surgirá del mar, lo cual puede indicar que se tratará de un gentil. La segunda bestia, o falso profeta, saldrá de la tierra o del territorio, lo cual según algunos pudiera ser una referencia a Israel. No obstante, es mejor considerar que el falso profeta será gentil. Tengamos en cuenta que la segunda bestia ayudará a la primera a perseguir al pueblo judío, de modo que es dudoso que tenga origen judío. El hecho de que se diga que surge de la tierra quiere establecer, probablemente, un contraste entre él y el Espíritu Santo, que desciende de los cielos. El falso profeta será alguien "terrenal" en el sentido más pleno de la palabra. La Tierra será su dominio y su único objetivo.

2. Hará descender fuego del cielo y realizará otros milagros (13:13-14)

El falso profeta imitará los milagros de los dos testigos (en Ap. 11:4-6), como los antiguos magos egipcios imitaron los de Moisés (Éx. 7:11-13, 22; 8:7). Thomas Ice y Tim Demy nos hacen una advertencia como respuesta a los presuntos milagros de los que podamos oír hablar en nuestros tiempos: "A pesar de que se trata de un suceso futuro, la lección que debemos aprender para hoy día es que debemos tener discernimiento, sobre todo en el campo de la religión, incluso cuando los milagros parecen respaldar las palabras del mensajero".[28]

3. Levantará una imagen del anticristo para que todo el mundo la adore (13:14)

Como ya hemos visto, esta imagen o abominación desoladora se levantará sin duda en el templo de Jerusalén (Mt. 24:15). Como sucedió con la imagen de Nabucodonosor en la llanura de Dura (Dn. 3), todos tendrán que inclinarse ante esa imagen o morir.

4. Levantará al anticristo de entre los muertos (13:14)

Si bien no se afirma explícitamente en el texto, este sí lo sugiere con fuerza. La muerte y la resurrección del anticristo se mencionan tres veces en Apocalipsis 13 (vv. 3, 12, 14), y también en Apocalipsis 17:8. Dado que el falso profeta es un hacedor de milagros que engañará al mundo, es probable que Satanás lo use como su instrumento humano para devolver la vida al anticristo.

5. Dará vida a la imagen de la bestia (13:15)

La imagen que se erija en honor de la bestia no será como ninguna otra creada jamás. Como algo sacado de una película de ciencia-ficción o de terror, se moverá, hablará y respirará. El engaño de Satanás alcanzará su punto culminante bajo el mandato del último gobernante humano y de su apasionado promotor.

6. Controlará el comercio mundial en beneficio de la bestia, obligando a todo el mundo a ponerse la marca de ésta (13:16)

El éxito más grande de la segunda bestia será la introducción de un registro de todos los habitantes del mundo, de modo que no puedan evitar ponerse la marca de la bestia. Usará el control total de la economía para afianzar el gobierno de la primera bestia, el anticristo. Nadie podrá comprar o vender sin jurar fidelidad a la bestia, recibir su marca y someterse al sistema de registro mundial. Su programa económico lo encontramos descrito en Apocalipsis 13:16-17:

> Y hacía que a todos, pequeños y grandes, ricos y pobres, libres y esclavos, se les pusiese una marca en la mano derecha, o en la frente; y que ninguno pudiese comprar ni vender, sino el que

tuviese la marca o el nombre de la bestia, o el número de su nombre.

Fijémonos en el alcance universal de este control. Se extenderá a "todos". El falso profeta ejercerá un control férreo sobre los fundamentos básicos de la economía mundial: la oferta (nadie podrá vender) y la demanda (nadie podrá comprar). Nadie podrá ir al centro comercial, comer en un restaurante, llenar el depósito de gasolina, pagar las facturas de servicios, comprar alimentos, pagar para que les corten el césped o pagar una hipoteca si no llevan la marca de la bestia.

Diez rasgos identificadores del falso profeta

1. Sale de la tierra (13:11)
2. Controla los asuntos religiosos (13:11)
3. Motivado por Satanás (13:11)
4. Fomenta la adoración de la primera bestia (13:12)
5. Realiza señales y milagros (13:13)
6. Engaña a todo el mundo (13:14)
7. Da vida a la imagen de la bestia (13:15)
8. Mata a todos los que se nieguen a adorar la imagen (13:15)
9. Controla todo el comercio (13:17)
10. Controla la marca de la bestia (13:17-18)

¿Qué es la "abominación desoladora" que introducirá el anticristo?

Durante al menos una parte de la primera mitad de la tribulación, el pueblo judío, gracias a su pacto con el anticristo, dispondrá de un templo reconstruido y podrá ofrecer sacrificios, según dice

Daniel 9:27. Sin embargo, en el punto medio de la tribulación de siete años, todo esto cambiará. Daniel 9:27 dice: "a la mitad de la semana hará cesar el sacrificio y la ofrenda. Después con la muchedumbre de las abominaciones vendrá el desolador, hasta que venga la consumación, y lo que está determinado se derrame sobre el desolador". En este punto, el anticristo incumplirá su pacto con Israel, y hará algo que a menudo se llama "la abominación desoladora".

Lo que dice la Biblia

Este acto sacrílego y monumental de los últimos tiempos se menciona concretamente en las Escrituras en diversas ocasiones:

Daniel 9:27

> Y por otra semana confirmará el pacto con muchos; a la mitad de la semana hará cesar el sacrificio y la ofrenda. Después con la muchedumbre de las abominaciones vendrá el desolador, hasta que venga la consumación, y lo que está determinado se derrame sobre el desolador.

Daniel 12:11

> Y desde el tiempo que sea quitado el continuo sacrificio hasta la abominación desoladora, habrá mil doscientos noventa días.

Mateo 24:15-16

> Por tanto, cuando veáis en el lugar santo la abominación desoladora de que habló el profeta Daniel (el que lee, entienda), entonces los que estén en Judea, huyan a los montes.

Marcos 13:14

> Pero cuando veáis la abominación desoladora de que habló el profeta Daniel, puesta donde no debe estar (el que lee, entienda), entonces los que estén en Judea huyan a los montes.

Estos pasajes dejan muy claro que el pueblo judío reconstruirá el templo en Jerusalén en algún momento anterior al punto medio de la tribulación.

Ahora bien, ¿qué es exactamente la abominación desoladora? Primero, debemos saber que el término "abominación" se refiere a un ídolo o imagen. Segundo, la primera referencia a la abominación desoladora, en Daniel 9:27, la vincula con el incumplimiento del pacto entre el anticristo e Israel por parte del primero. En ese pasaje leemos que el anticristo "hará cesar el sacrificio y la ofrenda" en el templo. La frase "con la muchedumbre de las abominaciones" se refiere al pináculo del templo, enfatizando la idea de una influencia omnipresente. En otras palabras, que lo que el anticristo haga en el templo se extenderá a otros lugares.[29] Por tanto, la abominación desoladora es un ídolo o una imagen que profana el templo, y desde allí se extiende al mundo.

Una actuación repetida

La abominación que perpetrará el anticristo durante la tribulación será una repetición de lo que el rey seléucida (sirio) Antíoco IV (Epífanes) hizo en el año 167 a. C. en el templo judío. Invadió la ciudad de Jerusalén y sus soldados saquearon el templo y lo profanaron al sacrificar un animal impuro (un cerdo) sobre el altar del templo. Detuvieron los sacrificios judíos e implantaron la adoración pagana erigiendo una imagen de Zeus Olímpico en el Lugar Santísimo. Se dio el caso de que, "por casualidad", el rostro de la estatua de Zeus se parecía al de Antíoco. Este suceso se describe en los libros no canónicos de 1 Macabeos 1:10-63 y 2 Macabeos 5:1ss.

Sorprendentemente, el acto de Antíoco ya fue predicho por el profeta Daniel unos 400 años antes de que sucediera:

> Aun se engrandeció contra el príncipe de los ejércitos, y por él fue quitado el continuo sacrificio, y el lugar de su santuario fue echado por tierra. Y a causa de la prevaricación le fue entregado el ejército junto con el continuo sacrificio; y echó por tierra la verdad, e hizo cuanto quiso, y prosperó. Entonces oí a un santo que hablaba; y otro de los santos preguntó a aquel que hablaba:

> ¿Hasta cuándo durará la visión del continuo sacrificio, y la prevaricación asoladora entregando el santuario y el ejército para ser pisoteados? Y él dijo: Hasta dos mil trescientas tardes y mañanas; luego el santuario será purificado (Dn. 8:11-14).
>
> Y le sucederá en su lugar un hombre despreciable, al cual no darán la honra del reino; pero vendrá sin aviso y tomará el reino con halagos… Y se levantarán de su parte tropas que profanarán el santuario y la fortaleza, y quitarán el continuo sacrificio, y pondrán la abominación desoladora (Dn. 11:21, 31).

Antíoco cometió otras atrocidades. Quemó ejemplares de la Torá, obligó a los judíos a comer cerdo, transgrediendo así la ley mosaica, y ordenó realizar sacrificios paganos. El 25 de diciembre del año 164 a. C., el líder judío Judas Macabeo restauró el ritual judío, limpiando el templo y volviendo a consagrarlo. Esto es lo que dio origen al festival judío de las Luces, o Janucá. Teniendo en mente todo esto, veamos ahora lo que dicen las Escrituras sobre la abominación desoladora que realizará el anticristo.

Dos fases futuras de la abominación

Según las Escrituras, hay dos elementos o fases principales que participarán en la abominación desoladora que tendrá lugar durante los últimos tiempos.[30] La fase inicial nos la describe 2 Tesalonicenses 2:3-4:

> Nadie os engañe en ninguna manera; porque no vendrá sin que antes venga la apostasía, y se manifieste el hombre de pecado, el hijo de perdición, el cual se opone y se levanta contra todo lo que se llama Dios o es objeto de culto; tanto que se sienta en el templo de Dios como Dios, haciéndose pasar por Dios.

Cuando el anticristo se haga con el control de Jerusalén, se sentará en el Lugar Santísimo del templo y declarará al mundo que es Dios. Al hacerlo, instaurará la religión falsa que desea imponer a todo el planeta.

La segunda fase relativa a la abominación desoladora la describe Apocalipsis 13:11-15:

> Después vi otra bestia que subía de la tierra; y tenía dos cuernos semejantes a los de un cordero, pero hablaba como dragón. Y ejerce toda la autoridad de la primera bestia en presencia de ella, y hace que la tierra y los moradores de ella adoren a la primera bestia, cuya herida mortal fue sanada. También hace grandes señales, de tal manera que aun hace descender fuego del cielo a la tierra delante de los hombres. Y engaña a los moradores de la tierra con las señales que se le ha permitido hacer en presencia de la bestia, mandando a los moradores de la tierra que le hagan imagen a la bestia que tiene la herida de espada, y vivió. Y se le permitió infundir aliento a la imagen de la bestia, para que la imagen hablase e hiciese matar a todo el que no la adorase.

El anticristo no podrá sentarse en el templo para recibir adoración las veinticuatro horas del día ni todos los días de la semana, de modo que erigirá una imagen o ídolo a su semejanza, para que esté en el templo en su ausencia. Sabemos que habrá un ídolo de por medio debido al significado de la palabra "abominación" ("ídolo"), además de porque fue eso lo que hizo Antíoco, levantar allí un ídolo. Warren Wiersbe explica: "¿Qué es la abominación desoladora? Es la imagen de 'la bestia', erigida en el templo israelita de Jerusalén. Un ídolo ya es malo de por sí, pero levantarlo en el templo es el clímax de la blasfemia. Dado que Satanás no pudo alcanzar la adoración en el cielo, la buscará en el siguiente lugar más apetecible: el templo judío en la Ciudad Santa".[31]

La mano derecha del anticristo, el falso profeta, al que conocimos en el capítulo anterior, recibirá autoridad para hacer grandes señales y prodigios, y engañará a las personas para que adoren a la bestia. Su mayor engaño será la construcción de una imagen o semejanza del anticristo y luego darle vida.

Esta imagen, como pasó con la abominación que cometió Antíoco, estará en pie en el Lugar Santísimo, dentro del templo de Jerusalén reconstruido. Jerusalén será la capital religiosa mundial del anticristo, y el templo será el centro de adoración, con la estatua situada en su recinto interior. Se exigirá a todos los habitantes de la Tierra que adoren la imagen de la bestia, o se enfrenten a la muerte.

Por tanto, las dos fases de la abominación desoladora serán (1) la entrada del anticristo en el Lugar Santísimo y su declaración de ser Dios; (2) la colocación de su imagen en ese mismo lugar. Esta condición perdurará durante los últimos 1260 días de los tres años y medio de la tribulación.[32]

¿Por qué perseguirá el anticristo al pueblo judío?

Según las Escrituras, una de las actividades más destacadas del anticristo será una persecución implacable del pueblo judío. El anticristo será el antisemita final y brutal, persiguiendo a los judíos hasta el final. Las Escrituras subrayan repetidas veces esta persecución. Primero la encontramos en Daniel 7:

> Entonces tuve deseo de saber la verdad acerca de la cuarta bestia, que era tan diferente de todas las otras, espantosa en gran manera, que tenía dientes de hierro y uñas de bronce, que devoraba y desmenuzaba, y las sobras hollaba con sus pies; asimismo acerca de los diez cuernos que tenía en su cabeza, y del otro que le había salido, delante del cual habían caído tres; y este mismo cuerno tenía ojos, y boca que hablaba grandes cosas, y parecía más grande que sus compañeros. Y veía yo que este cuerno hacía guerra contra los santos, y los vencía, hasta que vino el Anciano de días, y se dio el juicio a los santos del Altísimo; y llegó el tiempo, y los santos recibieron el reino...

> Y hablará palabras contra el Altísimo, y a los santos del Altísimo quebrantará, y pensará en cambiar los tiempos y la ley; y serán entregados en su mano hasta tiempo, y tiempos, y medio tiempo (vv. 19-22, 25).

El contexto de Daniel 7 nos dice que los "santos" a los que oprime el cuerno pequeño o anticristo son los miembros del pueblo judío. Daniel 9:27 nos habla del pacto de paz de siete años con Israel al principio de la tribulación, así como de su traición en el punto medio de ese periodo, y su comportamiento con los judíos como un desolador feroz:

> Y por otra semana [una semana de años, o siete años] confirmará el pacto con muchos; a la mitad de la semana hará cesar el sacrificio y la ofrenda. Después con la muchedumbre de las abominaciones vendrá el desolador, hasta que venga la consumación, y lo que está determinado se derrame sobre el desolador.

Jesús habló de este periodo venidero de persecución mundial de los judíos, relacionándolo con la transgresión del pacto de siete años y con la abominación desoladora que el anticristo erigirá en Jerusalén:

> Por tanto, cuando veáis en el lugar santo la abominación desoladora de que habló el profeta Daniel (el que lee, entienda), entonces los que estén en Judea, huyan a los montes. El que esté en la azotea, no descienda para tomar algo de su casa; y el que esté en el campo, no vuelva atrás para tomar su capa. Mas ¡ay de las que estén encintas, y de las que críen en aquellos días! Orad, pues, que vuestra huida no sea en invierno ni en día de reposo; porque habrá entonces gran tribulación, cual no la ha habido desde el principio del mundo hasta ahora, ni la habrá.

> Y si aquellos días no fuesen acortados, nadie sería salvo; mas por causa de los escogidos, aquellos días serán acortados (Mt. 24:15-22).

Jesús advierte a los judíos que vivan en aquella época que huyan, que salgan de Israel lo antes posible.

Otro pasaje clave de las Escrituras que subraya la persecución de los últimos tiempos contra los judíos es Apocalipsis 12. En este capítulo tan simbólico, a Satanás se le representa como un "gran dragón escarlata" (v. 3), y a la nación de Israel se la simboliza como "una mujer vestida del sol, con la luna debajo de sus pies, y sobre su cabeza una corona de doce estrellas. Y estando encinta, clamaba con dolores de parto, en la angustia del alumbramiento" (vv. 1-2). Sabemos que esta mujer es Israel porque las imágenes de Apocalipsis 12:1 son una alusión clara a Génesis 37:9, que es el único lugar de la Biblia donde encontramos estos mismos símbolos reunidos en un solo lugar. Génesis 37:9 registra un sueño que tuvo José, un sueño en el que su padre, su madre y sus once hermanos (representados por el sol, la luna y once estrellas) se inclinaban delante de él. La mujer de Apocalipsis 12 representa al pueblo de Israel, todos los miembros del cual son descendientes de Jacob. José sería la duodécima estrella. Esta imagen incluye a toda la nación. Además, en Apocalipsis 12:2 se nos dice que la mujer está embarazada, y está claro que el bebé es Jesús. Según Isaías 9:6, el Mesías nacería en la nación judía: "porque un niño nos es nacido, hijo nos es dado".

Usando estas imágenes, Apocalipsis 12 pasa a describir gráficamente la caída originaria de Satanás y del tercio de los ángeles que se unieron a su rebelión fracasada, y los intentos asesinos de Satanás por acabar con el pequeño Jesús mediante el rey Herodes. Satanás quería evitar que Jesús cumpliese su obra salvadora en la cruz. Satanás intentó muchas veces, en el Antiguo Testamento, librarse del pueblo judío, porque quería que no llegase al mundo el Mesías prometido. Recordemos la orden de faraón de matar a todos los bebés varones entre los judíos, el edicto de Amán de matar a los judíos (en el libro de Ester) y las masacres llevadas a cabo bajo Antíoco Epífanes durante el periodo intertestamentario.

Alguien ha señalado que, cada vez que surge alguien para aniquilar a los judíos, estos inventan una festividad para recordar el episodio. En el caso de faraón tuvieron la Pascua, en el de Amán crearon la fiesta de Purim, y en el de Antíoco Epífanes instituyeron la Janucá o la fiesta de las Luces. Podríamos decir incluso que, a consecuencia del Holocausto que llevó a cabo Hitler, los judíos obtuvieron el 14 de mayo de 1948, el día en el que nació el estado moderno de Israel. Dios ha hecho pactos eternos e incondicionales con Israel: ha prometido la tierra en el pacto abrahámico (Gn. 15:17-21), el reino en el pacto davídico (2 S. 7:12-16) y la restauración espiritual en el nuevo pacto (Jer. 31:31-34). Todos estos pactos los hizo con Israel, y debe cumplirlos con esa nación.

Por despiadados que hayan sido los ataques pasados contra el pueblo judío, la culminación de la guerra satánica contra Israel está programada en el calendario de Dios para los últimos tiempos, sobre todo durante los últimos tres años y medio de la tribulación. Satanás organizará una campaña mundial antisemítica para intentar erradicar a todo el pueblo judío de una vez por todas.

> Y la mujer huyó al desierto, donde tiene lugar preparado por Dios, para que allí la sustenten por mil doscientos sesenta días… Y cuando vio el dragón que había sido arrojado a la tierra, persiguió a la mujer que había dado a luz al hijo varón. Y se le dieron a la mujer las dos alas de la gran águila, para que volase de delante de la serpiente al desierto, a su lugar, donde es sustentada por un tiempo, y tiempos, y la mitad de un tiempo. Y la serpiente arrojó de su boca, tras la mujer, agua como un río, para que fuese arrastrada por el río. Pero la tierra ayudó a la mujer, pues la tierra abrió su boca y tragó el río que el dragón había echado de su boca. Entonces el dragón se llenó

de ira contra la mujer; y se fue a hacer guerra contra el resto de la descendencia de ella, los que guardan los mandamientos de Dios y tienen el testimonio de Jesucristo (Ap. 12:6, 13-17).

Hay muchos aspectos de este pasaje que ahora no podemos analizar debido a las limitaciones de espacio, pero la idea central es que en los últimos tiempos Satanás y su hueste demoníaca lanzarán la fase final y desesperada de la guerra de los siglos, en un intento febril de evitar que Dios cumpla sus buenas promesas para el pueblo judío. Como respuesta, los judíos huirán al desierto, posiblemente a la ciudad de Petra, al sur del mar Muerto, y la rapidez de su éxodo se simboliza con la imagen de las alas de un águila (Ap. 12:14). Algunos han especulado que la mención de las alas del águila es una referencia a las fuerzas aéreas estadounidenses que trasladarían a los judíos en un rescate de emergencia, pero este tipo de conjeturas no tiene fundamento. Encontramos las mismas imágenes en Éxodo 19:4 y en Deuteronomio 32:11 en relación con la liberación sobrenatural que hizo Dios del pueblo judío de Egipto durante el éxodo.

Ahora bien, puede que usted se pregunte: ¿qué tiene que ver todo esto con el *anticristo y con los judíos?* Este es el vínculo importante: el anticristo es el instrumento humano que usará Satanás para librar su guerra contra los judíos. Después de que Apocalipsis 12 describa esta agresión satánica final contra Israel, el siguiente capítulo prosigue con la visión de la mujer y el dragón, y se abre con estas palabras escalofriantes: "Me paré sobre la arena del mar, y vi subir del mar una bestia que tenía siete cabezas y diez cuernos; y en sus cuernos diez diademas; y sobre sus cabezas, un nombre blasfemo" (Ap. 13:1). Esto significa que Satanás, cuando ataque a los judíos, invocará a la bestia que sale del mar, que es el anticristo final, para que acuda en su ayuda. Satanás estará en pie en la playa y hará que la bestia surja de las aguas y sea el instrumento por medio del cual lanzar su persecución. El anticristo será la herramienta, el canal, el catalizador humano que Satanás llenará y al que dotará de poder para llevar a cabo su "solución final" cuando libre la guerra contra el pueblo judío.

Arthur E. Bloomfield, en su libro *How to Recognize the Antichrist* [Cómo reconocer al anticristo], describe muy bien la actitud del anticristo hacia los judíos:

> Probablemente la actitud del anticristo hacia los judíos será evidente desde el principio. Será la misma que la que tuvo Hitler, excepto por el hecho de que el anticristo intentará destruir a *todos* los judíos sobre la faz de la Tierra. Hay que recordar que el anticristo es un protegido de Satanás, y cumplirá el programa de este. El intento de Satanás para destruir a los judíos viene de muy lejos. Durante la historia los judíos se han librado por muy poco; de hecho, la historia de Israel está llena de escapatorias en el último momento... La historia de los judíos es un relato de expulsiones de un país a otro. Siempre que Satanás se sale con la suya, los judíos tienen problemas.[33]

Bloomfield expone a continuación el motivo aborrecible tras este programa satánico a lo largo de los siglos.

> El programa futuro de Dios gira alrededor de Israel... Todo el programa de Dios en cuanto al reino gira alrededor de Israel. Cuando Cristo regrese, según el profeta Zacarías, sus pies se posarán en el monte de los Olivos, situado delante de Jerusalén. Los judíos serán el núcleo del nuevo reino. Si Satanás quiere ganar esta guerra y mantener su control sobre el mundo, tiene que destruir inevitablemente a los judíos. Esto impediría el establecimiento del reino de Dios en el mundo. Este es el programa básico de Satanás en este mundo. Su primer intento, cuando se haga con el control del mundo, será destruir a todos los judíos. Esto provocará una gran crisis en la historia de Israel. Este rasgo

concreto del carácter y de la obra del anticristo será tan destacado que constituirá una marca identificativa segura.[34]

Israel será el objetivo final de Satanás y de su hombre, el anticristo. Apocalipsis 16:13-16 describe el lugar donde se movilizarán las tropas de todo el mundo bajo el mandato del anticristo en su intento final e inútil de destruir Israel.

> Y vi salir de la boca del dragón, y de la boca de la bestia, y de la boca del falso profeta, tres espíritus inmundos a manera de ranas; pues son espíritus de demonios, que hacen señales, y van a los reyes de la tierra en todo el mundo, para reunirlos a la batalla de aquel gran día del Dios Todopoderoso. He aquí, yo vengo como ladrón. Bienaventurado el que vela, y guarda sus ropas, para que no ande desnudo, y vean su vergüenza. Y los reunió en el lugar que en hebreo se llama Armagedón.

Har-Magedón, o Armagedón, que es la parte norte de Israel, será una especie de centro de concentración o de movilización para los ejércitos del mundo. La batalla se librará por la ciudad de Jerusalén, como describe Zacarías: "He aquí yo pongo a Jerusalén por copa que hará temblar a todos los pueblos de alrededor contra Judá, en el sitio contra Jerusalén. Y en aquel día yo pondré a Jerusalén por piedra pesada a todos los pueblos; todos los que se la cargaren serán despedazados, bien que todas las naciones de la tierra se juntarán contra ella" (Zac. 12:2-3; cp. Jl. 3:2, 12). La gloriosa segunda venida de Jesús a la Tierra será el punto culminante de la campaña de Armagedón, cuando Jesús abre los cielos y descienda para destruir al anticristo y al falso profeta, y echarlos vivos en el lago de fuego (Ap. 19:20-21).

Aunque los acontecimientos que vemos hoy en el mundo no son el cumplimiento de estas profecías en Daniel y Apocalipsis, debemos admitir que el mundo se está volviendo, una vez más y rápidamente, contra la nación de Israel. Esta nación diminuta, que tiene el tamaño aproximado de Nueva Jersey, sale en los titulares todos los días. El pueblo de Israel se ve demonizado y castigado por este mundo, mientras lucha por sobrevivir en medio de un mar de enemigos. El mundo clama por paz en Oriente Medio, e Israel está en el ojo del huracán. Uno se pregunta cuánto más podrá resistir el pueblo judío antes de que todo explote. Sin embargo, la Biblia nos dice que después del arrebatamiento de la iglesia y, como resultado de ello, el debilitamiento dramático de Estados Unidos, Israel recurrirá al anticristo para protegerse contra los adversarios que la rodeen. Al principio, él fingirá interés por Israel y firmará con ese país un tratado de paz, pero lo incumplirá a mediados del plazo de vigencia, y será un instrumento de Satanás en su intento final por aniquilar a los judíos y acabar así con las promesas de Dios para ellos. Lo que vemos hoy respecto al "nuevo antisemitismo" presagia de una forma impresionante lo que ha de venir.

¿Qué relación tendrá el anticristo con los dos testigos?

De la misma manera que Satanás tendrá sus dos testigos durante los últimos tiempos (el anticristo y el falso profeta), durante ese periodo Dios tendrá dos testigos en el mundo, a los que dará un poder especial. Los testigos de Dios y los de Satanás chocarán en uno de los enfrentamientos más colosales de todos los tiempos. Los dos testigos del Señor y su ministerio se describen en Apocalipsis 11:3-13:

> Entonces me fue dada una caña semejante a una vara de medir, y se me dijo: Levántate, y mide el templo de Dios, y el altar, y a los que adoran en él. Pero el patio que está fuera del templo déjalo aparte, y no lo midas, porque ha sido entregado a los gentiles; y ellos hollarán la ciudad santa cuarenta y dos meses. Y daré a mis dos testigos que profeticen por mil doscientos sesenta días, vestidos de cilicio. Estos testigos son los dos oli-

vos, y los dos candeleros que están en pie delante del Dios de la tierra. Si alguno quiere dañarlos, sale fuego de la boca de ellos, y devora a sus enemigos; y si alguno quiere hacerles daño, debe morir él de la misma manera. Estos tienen poder para cerrar el cielo, a fin de que no llueva en los días de su profecía; y tienen poder sobre las aguas para convertirlas en sangre, y para herir la tierra con toda plaga, cuantas veces quieran.

Cuando hayan acabado su testimonio, la bestia que sube del abismo hará guerra contra ellos, y los vencerá y los matará. Y sus cadáveres estarán en la plaza de la grande ciudad que en sentido espiritual se llama Sodoma y Egipto, donde también nuestro Señor fue crucificado. Y los de los pueblos, tribus, lenguas y naciones verán sus cadáveres por tres días y medio, y no permitirán que sean sepultados. Y los moradores de la tierra se regocijarán sobre ellos y se alegrarán, y se enviarán regalos unos a otros; porque estos dos profetas habían atormentado a los moradores de la tierra.

Pero después de tres días y medio entró en ellos el espíritu de vida enviado por Dios, y se levantaron sobre sus pies, y cayó gran temor sobre los que los vieron. Y oyeron una gran voz del cielo, que les decía: Subid acá. Y subieron al cielo en una nube; y sus enemigos los vieron. En aquella hora hubo un gran terremoto, y la décima parte de la ciudad se derrumbó, y por el terremoto murieron en número de siete mil hombres; y los demás se aterrorizaron, y dieron gloria al Dios del cielo.

Existen muchas opiniones sobre la identidad de los dos testigos, y creo que la más sólida es que se tratará de Elías y de Moisés. Hay tres razones por las que es probable que Moisés sea uno de los dos testigos:

1. Como Moisés, estos dos testigos convertirán el agua en ríos de sangre, y traerán otras plagas sobre la Tierra (Ap. 11:6).

2. En el monte de la Transfiguración, que fue un retrato de la segunda venida en gloria de Cristo, junto a Él aparecieron Moisés y Elías (Mt. 17:1-11).
3. Moisés fue un profeta.

Un argumento concreto contra la posibilidad de que Moisés sea uno de los dos testigos es que esto supondría que muriese dos veces. Aunque esto no es algo que pase habitualmente en la historia, hemos de recordar que todas las personas en la Biblia que fueron devueltas a la vida, como Lázaro en Juan 11, murieron por segunda vez. De modo que la idea de que una persona muera dos veces no es algo insólito en las Escrituras.

Por lo que respecta a Elías, hay cinco motivos por los que es probable que se trate del otro testigo:

1. Como Enoc, Elías nunca experimentó la muerte física.
2. Como Moisés, Elías estuvo presente en la transfiguración.
3. Las Escrituras predicen que vendrá antes "del día de Jehová, grande y terrible" (Mal. 4:5).
4. Dios usó a Elías para evitar que lloviera durante tres años y medio, y Dios usará a los dos testigos para que hagan lo mismo.
5. Como los dos testigos, Elías fue un profeta.

Otra evidencia firme para identificar a los testigos como Moisés y Elías es que se les menciona en pareja en el último capítulo del Antiguo Testamento (Mal. 4:4-5). Además, como acabamos de decir, los dos aparecieron con Jesús en el monte de la Transfiguración en un suceso que constituyó una imagen previa de Cristo cuando se manifieste en su segunda venida en gloria (Mt. 16:27—17:5; 2 P. 1:16-18). Como los dos testigos de Apocalipsis 11 aparecerán estrechamente vinculados con la venida futura de Cristo, creo que es muy probable que sean Elías y Moisés.

Las vidas y los ministerios de estos dos gigantes del pasado incidirán profundamente en el reinado del anticristo y de su falso profeta. Dios concederá un tremendo poder a los dos testigos, porque dice: "Y daré a mis dos testigos... poder para cerrar el cielo, a fin de que no llueva en los días de su profecía; y tienen poder sobre las aguas para convertirlas en sangre, y para herir la tierra con toda plaga, cuantas veces quieran" (Ap. 11:3, 6). Basándome en estas palabras, creo que los dos testigos son los instrumentos humanos que usará Dios para que suenen las primeras seis trompetas de los juicios, en Apocalipsis 8—9, igual que Moisés hizo descender las terribles plagas en Egipto. El anticristo y el falso profeta podrán hacer milagros falsos (como los hicieron los magos del faraón), pero al final no podrán superar el poder de los dos testigos de Dios.

Como puede imaginar, el anticristo y su secuaz despreciarán a los dos testigos de Dios. El mundo los odiará y conspirará contra ellos cuando hagan caer un juicio celestial tras otro sobre el planeta. Todo el mundo querrá verlos muertos. Pondrán un alto precio a sus cabezas. Si no fuera por la protección sobrenatural de Dios durante un periodo de tres años y medio, los matarían inmediatamente. Durante ese periodo serán invencibles. "Si alguno quiere dañarlos, sale fuego de la boca de ellos, y devora a sus enemigos; y si alguno quiere hacerles daño, debe morir él de la misma manera" (Ap. 11:5).

Pero después de que los dos testigos hayan concluido su ministerio de tres años y medio, Dios permitirá que el anticristo los mate. "Cuando hayan acabado su testimonio, la bestia que sube del abismo hará guerra contra ellos, y los vencerá y los matará" (Ap. 11:7). (Por cierto, tenga en cuenta que nuestros tiempos también están en manos de Dios. Nosotros también somos invencibles hasta que acabemos nuestra obra para Él en este mundo. ¡Qué verdad más consoladora y fortalecedora es esta!).

Cuando los dos testigos mueran, todo el mundo se regocijará. Conducido por el anticristo, todo el mundo celebrará con placer demoníaco y alegría revanchista la muerte de estos dos testigos. "Y los de los pueblos, tribus, lenguas y naciones verán sus cadáveres por tres días y medio, y no permitirán que sean sepultados. Y los moradores de la tierra se regocijarán sobre ellos y se alegrarán, y se enviarán regalos unos a otros; porque estos dos profetas habían atormentado a los moradores de la tierra" (Ap. 11:9-10).

Los dos testigos habrán sido un aguijón constante e irritante en el costado del anticristo. Como dijo Ray Stedman:

> No dejarán de decir la verdad a unas personas que solo querrán aferrarse a sus engaños. No dejarán de perjudicar la propaganda del anticristo, cuidadosamente elaborada... La sociedad vil e impía del mundo bajo el anticristo aprovechará la muerte de los dos testigos como una causa para la celebración mundial. Esto nos recuerda a un dicho que era frecuente entre los generales romanos de la antigüedad: "¡El cadáver de un enemigo siempre huele bien!".[35]

Los habitantes de todo el mundo estarán tan entusiasmados por la muerte de los dos testigos que celebrarán una especie de Navidad, enviándose regalos unos a otros. Será lo que podríamos llamar "la Navidad del diablo" o "la Navidad satánica". Lo interesante es que esta es la única mención que se hace de cualquier tipo de alegría o de celebración en el mundo durante todo el periodo de la tribulación. La gente estará tan encantada de ver muertos a aquellos hombres que no permitirán que los entierren. Querrán ver cómo sus cuerpos se pudren en la calle.

Pero la fiesta universal por la muerte de los dos testigos no durará mucho. Sorprendentemente, después de que los cuerpos de los dos testigos hayan yacido hinchándose al sol durante tres días y medio, el Señor les devolverá a la vida ante un mundo aterrorizado. Su resurrección y su arrebatamiento directo al cielo se describe vívidamente en Apocalipsis 11:11-12: "Pero después de tres días y medio entró en ellos el espíritu de vida enviado por Dios, y se levantaron sobre sus pies, y cayó gran temor sobre los que los vieron. Y oyeron una gran voz del cielo, que les decía: Subid acá. Y subieron al cielo en una nube; y sus enemigos los vieron".

El comentarista bíblico John Phillips describe muy bien este suceso asombroso:

> Imaginemos la escena: las calles de Jerusalén bañadas por el sol, la multitud festiva que ha venido desde los confines de la Tierra para ver de primera mano los cadáveres de aquellos hombres tan odiados, las tropas vestidas con el uniforme de la bestia, la policía del templo. Allí están, hombres diabólicos de todos los reinos bajo el cielo, venidos para bailar y participar del banquete por el triunfo de la bestia. ¡Y entonces sucede! Mientras la gente se apretuja contra el cordón policial para mirar con curiosidad los dos cuerpos, se produce un cambio repentino. Su color cambia del tono cadavérico al matiz rosado y pletórico de fuerzas propio de la juventud. Aquellos miembros rígidos, fríos, ¡se doblan, se mueven! ¡Oh, vaya visión! ¡Se ponen en pie! La multitud retrocede, se disgrega y vuelve a condensarse.[36]

¡Qué escena más impresionante! Las personas de todo el mundo verán en su noticiero televisivo favorito cómo los dos testigos subirán a los cielos, mientras los analistas se esforzarán por explicar lo sucedido. Apocalipsis 11:9, 11-12 hace este breve comentario, casi de pasada, sobre el hecho de que todo el mundo será testigo de la muerte y de la resurrección de los dos testigos: "Y los de los pueblos, tribus, lenguas y naciones verán sus cadáveres por tres días y medio... Pero después de tres días y medio entró en ellos el espíritu de vida enviado por Dios, y se levantaron sobre sus pies... Y subieron al cielo en una nube; y sus enemigos los vieron". El hecho de que todos los habitantes del planeta vean esto no nos sorprende hoy día, porque estamos acostumbrados a tener acceso a las noticias veinticuatro horas al día. Pero hemos de recordar que el apóstol

Juan escribió estas palabras hace casi 2000 años. Como dice Tim LaHaye:

> Nuestra generación es la primera que puede ver literalmente el cumplimiento de [Apocalipsis] 11:9, al permitir que las gentes de todo el mundo vean un espectáculo tan asombroso. Esta es una indicación más de que nos acercamos al final de los tiempos, porque hace solo unos pocos años hubiera sido humanamente imposible que todo el mundo viera a estos dos testigos en las calles en un momento determinado del tiempo.[37]

Cuando el anticristo asesine a los dos testigos, pensará que por fin han acabado sus problemas, y que los juicios devastadores que ellos infligieron a la Tierra ya han terminado. Pero cuando vea los cuerpos muertos e hinchados de sus archienemigos levantarse del suelo y ascender a los cielos, no puedo por menos que preguntarme si, aunque solo sea por un breve instante, no le asustará pensar que su reinado finalizará en algún momento.

¿Existen algunos personajes históricos o "tipos" que presagien la carrera del anticristo?

Como ya hemos visto, en el Antiguo Testamento, Antíoco Epífanes es un claro precursor del anticristo. Algunas personas han discernido otros prototipos adicionales del anticristo (o proto-anticristo) en otros personajes que aparecen en la Biblia. Mencionaremos algunos de los más destacados:

Nimrod

Se propone al primer gobernante del mundo después del diluvio como un tipo del anticristo. Nimrod gobernó el mundo y levantó Babel (Babilonia) y la torre de Babel. El gobernante mundial último también gobernará el mundo y estará estrechamente asociado con Babilonia en los últimos tiempos (Ap. 17—18).

Faraón

Faraón fue el primer gran opresor del pueblo judío. También tenía magos en su corte que fueron capaces, al menos durante un tiempo, de hacer los mismos milagros de Moisés y Aarón.[38] Como dice Kim Riddlebarger: "Su poder de hacer prodigios como respuesta a los mensajeros de Dios anticipa claramente a la bestia que sale de la tierra en Apocalipsis 13:11-17, que realiza grandes señales y milagros para engañar a los habitantes del mundo, de modo que adoren a la bestia y a su imagen".[39]

Como el faraón se negó a dejar marchar al pueblo, Dios hizo caer sobre Egipto unas plagas poderosas. En Apocalipsis 6—11 vemos que en los últimos tiempos tendrán lugar juicios de un poder comparable a aquellas. Y cuando Israel obtuvo la victoria final y el ejército del faraón se ahogó en el mar Rojo, el pueblo entonó triunfante el cántico de Moisés. Es el mismo cántico que resonará en los cielos cuando se derramen sobre el mundo las siete plagas finales, en Apocalipsis 15:1-8. La derrota humillante del faraón es un presagio notable de la caída del anticristo.

Nabucodonosor

Nabucodonosor fue el primer gobernante del mundo en los "tiempos de los gentiles". Fue el primero en el tiempo y el primero en cuanto a su poder. En la gran estatua de Daniel 2, su reino está representado por la cabeza de oro. En Daniel 7, su reino se simboliza con el león poderoso, el rey de los animales. Y en el otro extremo del espectro, el anticristo será el gobernante final y más poderoso de los "tiempos de los gentiles".

Nabucodonosor erigió una gran imagen o ídolo ante el cual todo el mundo debía inclinarse o morir si se negaba a hacerlo (Dn. 3). Es interesante que la imagen midiera 60 codos de alto y seis de ancho. Fijémonos en la repetición de los seises, como en el número 666. De la misma manera, el anticristo levantará una gran imagen y obligará a todos a adorarla o morir. Igual que Sadrac, Mesac y

Abed-nego se negaron a inclinarse ante la imagen de Nabucodonosor, en los últimos tiempos habrá un remanente de personas que rehusarán adorar la imagen del anticristo.

Nabucodonosor estaba lleno de orgullo, y tuvo que ser humillado por el poder de Dios. Fue convertido en una bestia silvestre durante siete años (Dn. 4). También el anticristo será humillado bajo la mano poderosa de Dios.

Podríamos mencionar a otros como proto-anticristos. Satanás intentó dar grandes pasos hacia el dominio mundial por medio de los césares romanos. Volvió a intentarlo con Napoleón, luego con Hitler y con Stalin.

Cuando el anticristo venga de verdad, poseerá el poder y la furia absolutos de los prototipos antes mencionados, y también sus características. Como dice John Phillips en referencia a Apocalipsis 13:1-3:

> El león simbolizaba el imperio en Babilonia, el oso representaba al imperio medo-persa, y el leopardo a Grecia. Igual que el Imperio Romano reunía la velocidad de conquista macedonia, la tenacidad persa y el anhelo de conquista babilonio, esta bestia, la última de un linaje notable, reunirá los rasgos y los afanes imperiales de los tres. Es el heredero de las edades, el último y peor de los césares, Gengis Khanes, Napoleones, Hitlers y Stalins que han plagado esta Tierra maldita por el pecado. Es el último candidato gentil al trono del mundo, heredero y sucesor de Nabucodonosor, a quien fue dado ese trono hace largos siglos.[40]

¿Estará el anticristo bajo el control de Dios?

Tal como revelan los libros de Daniel y de Apocalipsis, el anticristo será la máxima expresión del mal. Estará poseído y controlado por el propio Satanás. Algunos pueden preguntarse si Dios tendrá algún control sobre los actos del anticristo, o si este tendrá libertad para hacer lo que le plazca. Cuando leemos Apocalipsis 13 es mejor que no nos perdamos una pequeña expresión que aparece seis veces:

Apocalipsis 13:5a	"también *se le dio* boca que hablaba grandes cosas"
Apocalipsis 13:5b	"y *se le dio* autoridad para actuar cuarenta y dos meses"
Apocalipsis 13:7a	"y *se le permitió* hacer guerra contra los santos"
Apocalipsis 13:7b	"*se le dio* autoridad sobre toda tribu, pueblo, lengua y nación"
Apocalipsis 13:14	"las señales que *se le ha permitido* hacer"
Apocalipsis 13:15	"y *se le permitió* infundir aliento a la imagen de la bestia"

El anticristo y su secuaz, el falso profeta, no hacen nada por sí solos. Todo está bajo el control de la mano soberana de Dios: sus actos, palabras, duración y milagros. Por poderoso que sea el anticristo, su poder será limitado, delegado. Igual que en el Antiguo Testamento, en el libro de Job, Satanás y el anticristo solo podrán hacer las cosas que Dios permita. El anticristo causará tremendos estragos en el mundo, pero es un consuelo saber que Dios seguirá teniendo el control incluso durante la hora más oscura de este mundo. Nada ni nadie puede superar los límites que Él ha establecido por su propia sabiduría.

Diez claves sobre la identidad del anticristo

1. No será reconocido hasta después del arrebatamiento de los creyentes al cielo.
2. Tendrá unos orígenes modestos, y luego alcanzará el lugar

más prominente del mundo como el único capaz de conseguir la paz internacional.

3. Será un líder mundial gentil, procedente del área geográfica del Imperio Romano.
4. Gobernará sobre el Imperio Romano reunificado (el Imperio Romano "impío").
5. Establecerá un pacto de siete años con Israel.
6. Será asesinado y volverá a la vida.
7. Incumplirá su tratado con Israel en el punto medio de la tribulación, e invadirá su territorio.
8. Se sentará en el templo de Dios y declarará que es Dios.
9. Profanará el templo de Jerusalén al erigir en él una imagen de sí mismo.
10. Gobernará al mundo política, económica y religiosamente durante tres años y medio.

PARTE 5

La consumación del anticristo

"Así perezcan todos tus enemigos, oh Jehová; mas los que te aman, sean como el sol cuando sale en su fuerza. Y la tierra reposó cuarenta años".

JUECES 5:31

El anticristo y el Armagedón: ¿qué sucederá?

La Palabra de Dios es muy concreta sobre la muerte y la condenación del anticristo venidero. Hay dos pasajes clave en el Nuevo Testamento que nos dicen cómo llegará a su fin.

En 2 Tesalonicenses 2:8 leemos que "a quien [al anticristo] el Señor matará con el espíritu de su boca". El Señor Jesucristo destruirá al anticristo simplemente con su palabra pronunciada durante su segunda venida gloriosa a este mundo. Lo único que hará falta será que el Señor pronuncie la condena del anticristo, y esta se cumplirá de inmediato.

Apocalipsis 19:19-21 revela también que cuando Cristo regrese, el anticristo será sometido a un juicio rápido y severo, exclusivo para él:

> Y vi a la bestia, a los reyes de la tierra y a sus ejércitos, reunidos para guerrear contra el que montaba el caballo, y contra su ejército. Y la bestia fue apresada, y con ella el falso profeta que había hecho delante de ella las señales con las cuales había engañado a los que recibieron la marca de la bestia, y habían adorado su imagen. Estos dos fueron lanzados vivos dentro de un lago de fuego que arde con azufre. Y los demás fueron muertos con la espada que salía de la boca del que montaba el caballo, y todas las aves se saciaron de las carnes de ellos.

En lo que se conoce como la batalla de Armagedón, el anticristo habrá reunido a todos los ejércitos de la Tierra en el territorio de Israel. En las Escrituras no se nos dice el motivo exacto para esta reunión de las naciones. Podría ser para destruir a Israel de una vez por todas. Podría ser para desafiar a Cristo en su venida, o también para que las naciones se reúnan para enfrentarse al anticristo, cuyo reinado empezará a desintegrarse a medida que el mundo se suma en el caos debido a los juicios de Dios, cuando empiecen los juicios de las trompetas (Ap. 8—11) y los de las copas (Ap. 16).

Sea cual fuere el motivo para esa reunión, las tropas se reunirán en Armagedón, al norte de Israel, y entonces la campaña se extenderá por todo el territorio israelita, desde Armagedón en el norte hasta Edom, en el sur de lo que hoy día es Jordania. Jerusalén quedará atrapada en medio de esta conflagración (Zac. 12:1-3). A medida que avance la campaña, cuando parezca que Israel será finalmente borrada de la faz de la Tierra, Jesús volverá con poder y gran gloria.

Cuando Cristo regrese, destruirá a los ejércitos reunidos en el valle de Armagedón con la espada aguda de la palabra que salga de su boca. Lo único que tendrá que hacer para destruir todo el poderío bélico de la humanidad es decir "Están muertos", y los ejércitos del mundo se derretirán ante su presencia como cera. Sin embargo, el anticristo y el falso profeta no morirán como los demás. Serán arrojados vivos "en el lago de fuego y azufre", donde mil años más tarde irá a hacerles compañía Satanás, la cabeza de su falsa trinidad (Ap. 20:10). Es en este punto cuando detectamos un paralelo bastante interesante: dos hombres en el Antiguo Testamento subieron al cielo sin morir, Enoc y Elías. Y dos hombres del Nuevo Testamento irán al infierno sin morir: el anticristo y el falso profeta.

Este es el destino final y terrible de la obra maestra del diablo. Su falso reino desaparecerá, y se establecerá el reino glorioso de Cristo. Daniel 7:26 es un poderoso recordatorio de que el fin del anticristo es totalmente seguro: "Los jueces tomarán asiento, y al cuerno se le quitará el poder y se le destruirá para siempre" (NVI).

¿Está el anticristo en el mundo hoy?

El mundo contemporáneo busca un líder. A medida que crecen los peligros y la incertidumbre por todas partes, y mientras la economía mundial cae en picado, los pueblos ansían contar con un líder que los dirija, más que en cualquier otro momento de la historia humana. Las perspectivas del mundo para el futuro son pesimistas y van a peor. Todo el mundo lo sabe. Y todo el mundo sabe que necesitamos a alguien que pueda ofrecer esperanza y señalar una ruta clara para resolver las crisis crecientes de nuestro mundo. Arnold Toynbee dijo sabiamente: "Las naciones están dispuestas a entregar los reinos del mundo a cualquier hombre que nos ofrezca una solución a los problemas de nuestro planeta".[1] En la revista *Forbes*, Paul Johnson, eminente historiador británico, dijo: "Hay una lección que debemos aprender por encima de cualquier otra: no hay ningún sustituto para un liderazgo prudente, firme y valiente. El mundo civilizado actual carece de esto, y debe encontrarlo... pronto".[2] La Biblia predice que se acerca un líder así. De hecho, es posible que ya esté entre nosotros.

Sorprendentemente, en una encuesta de 1999 de la revista *Newsweek*, un 19% de estadounidenses dijo que creía que el anticristo ya está en el mundo. Esto supone que uno de cada cinco estadounidenses cree que el anticristo ya vive entre nosotros. Y en la misma encuesta, casi la mitad de quienes aceptan la profecía bíblica como fiable cree que ya está vivo.[3] ¿Es posible que tengan razón?

Como respuesta a esta pregunta tan habitual, quiero ofrecer tres pensamientos clave.

Primero, quiero dejar totalmente claro que no creo que nadie pueda decir con seguridad que el anticristo ya ha nacido. Basándome en 2 Tesalonicenses 2:3-7, creo que la identidad del anticristo no será revelada hasta después de que los creyentes hayan sido arrebatados a la gloria y hayan visto al Señor Jesús cara a cara. Por eso, si usted pretende adivinar si alguna persona de Washington D.C., Londres, París o Roma es el anticristo, pierde el tiempo. La Biblia nunca identifica al anticristo por su nombre, y nunca nos dice que debamos identificarlo. El número 666, que es el de su nombre, no será discernible hasta después del arrebatamiento. Según las Escrituras, el anticristo será revelado tras el arrebatamiento de la Iglesia, tras la eliminación del poder restrictivo del Espíritu Santo (2 Ts. 2:3-7). Aparecerá en la escena mundial cuando establezca su tratado de paz con Israel (Dn. 9:27). Esta será su presentación oficial al mundo, que no tendrá lugar hasta *después* de que el pueblo de Dios esté en el cielo.

Segundo, aunque nadie sabe si *el* anticristo ya está aquí, podemos estar seguros de que *un* anticristo está entre nosotros en este mismo instante. Cuando escribió a finales del siglo I d. C., el apóstol Juan dijo que "el espíritu del anticristo" ya estaba obrando, socavando y oponiéndose a la obra de Dios (1 Jn. 4:3; ver también 2:18). Por tanto, podemos estar seguros de que el *espíritu* del anticristo está vivo hoy día. El apóstol Pablo también dijo que en su época Satanás ya obraba intentando introducir al anticristo en el escenario mundial (2 Ts. 2:6-7).

Creo que en cada generación Satanás tiene a un hombre, un recipiente preparado por él, dispuesto a ocupar el escenario central y a gobernar el mundo. Después de todo, este es el objetivo de Satanás (Is. 14:12-14). Satanás quiere ser adorado como Dios. Y dado que Dios ha afirmado que gobernará el mundo por medio de su Hijo, el Cristo, la meta de Satanás es usurpar el trono de Dios y gobernar el mundo por medio de su hombre, el anticristo. El problema de Satanás es que no sabe cuándo tendrá lugar la venida de Cristo. Por eso es probable que haya preparado a alguien en cada generación que intentará dominar el mundo y oponerse a Cristo y al establecimiento de su reino glorioso. Satanás tiene que averiguar cuándo tendrá lugar el arrebatamiento, de modo que debe disponer de un hombre en cada generación en quien esté dispuesto a habitar mientras aguarda el momento de Dios.

Si esto es así realmente, quiere decir que hoy día Satanás tiene a alguien en este mundo al que usará para usurpar el lugar que le corresponde por derecho al Rey de reyes si se dan las circunstancias. Siempre hay *un* anticristo dispuesto en alguna parte. Pero Satanás no puede llevar a término su programa porque el poder restrictivo del Espíritu Santo se lo impide. Al final, cuando Dios decida, ese poder restrictivo desaparecerá del mundo, y Satanás tendrá libertad para poner por obra su programa, algo que lleva esperando tanto tiempo (2 Ts. 2:6-7).

Tercero, aunque deseo subrayar que nadie puede decir con seguridad si *el* anticristo está vivo hoy día, no me sorprendería que sí lo estuviera. Muchas de las piezas clave del rompecabezas profético para los últimos tiempos parecen estar colocándose en su lugar. Vemos cómo ante nuestros ojos se forman los Estados Unidos de Europa, bajo la forma de la Unión Europea. Ha llegado la globalización, así como la tecnología avanzada necesaria para establecer un gobierno mundial y una economía única. Surgen crisis de proporciones épicas con una frecuencia y regularidad que dan que pensar, abriendo el camino para más y más cambios. El mundo está preparado para un gran pacificador, sobre todo alguien que pueda traer la paz a Oriente Medio.

De nuevo, nadie puede decir con seguridad que el anticristo esté vivo hoy día. Pero pensemos en ello: si es probable que la segunda venida de Jesús tenga lugar en los próximos 40 o 50 años, entonces es casi seguro que el anticristo ya esté vivo en este mundo. Aunque la Biblia nunca nos dice qué edad tendrá el anticristo cuando entre en la escena mundial, podemos pensar que tendrá por los menos 40 o 50 años, si no más. Además, aunque *no* estoy diciendo que Jesús vendrá en los próximos 40 o 50 años (porque nadie sabe el momento de su regreso), creo que es muy probable que así sea. Si esto es así, el anticristo ya está vivo en algún punto de la Tierra. Incluso puede que forme parte del escenario político, esperando que llegue su momento. Ed Hindson advierte: "En el horizonte de la existencia humana se cierne algo ominoso. Puede que de momento siga entre las sombras, pero podría irrumpir repentinamente en escena en cualquier momento".[4]

El maestro de profecía Gary Frazier nos ofrece esta imagen inquietante:

> En algún lugar, en este mismo instante, puede que exista un joven que avanza hacia la madurez. Es probablemente un joven introvertido, reflexivo. Sin embargo, su corazón alberga una ira infernal. Hierve como un caldero lleno de plomo derretido. Odia a Dios. Desprecia a Jesucristo. Detesta a la iglesia. En su mente se va formando un sueño de conquista. Se presentará astutamente como amigo de Cristo y de la iglesia. Sin embargo... una vez obtenga el poder, desatará el infierno en este mundo. ¿Acaso el mundo puede crear un prodigio así? Hubo un tiempo en que Hitler fue un niño pequeño. Stalin fue un muchacho. Nerón fue un crío. El diablo tomará la ternura de la infancia y le dará forma para convertirla en el terror del *anticristo*.[5]

Una vez más, parecen converger todos los indicadores de que los últimos tiempos se ciernen en el horizonte. La aparición del anticristo podría tener lugar muy pronto. Lo cual significa que la venida del Señor está incluso más cerca.

¿Está usted preparado para recibirle cuando venga?

¿Cómo se aplica esto a su vida presente?

Nunca olvidaré cuando vi por primera vez la película *La profecía* en 1976, cuando estaba en la escuela secundaria. Hace unos años se hizo una versión nueva, pero la película originaria sigue siendo un clásico. Aunque es un film de terror, de ficción, su tema central es sólido: el anticristo se acerca, y es posible que esté vivo y transite ya por nuestro mundo. Aunque la película en sí es ficción, su advertencia es muy real. El anticristo, su religión mundial única y su sistema económico se acercan.

En la película hay una escena sobrecogedora. A la mañana siguiente de la fiesta del quinto cumpleaños de Damien (el anticristo), que fue toda una pesadilla, un sacerdote católico llamado Padre Brennan hace una visita sin avisar al despacho del embajador Thorn (el padre de Damien). En cuanto el Padre Brennan se queda a solas con Thorn, le hace una advertencia inesperada, incitándole desesperadamente a que acepte a Cristo como su Salvador *en ese mismo instante*.

El embajador Thorn se queda atónito cuando el sacerdote sigue diciéndole que su hijo pequeño es, en realidad, el hijo de Satanás, el anticristo. Thorn se enfurece y llama a los guardias de seguridad para que se lleven al cura. En aquel momento, Thorn considera que la advertencia del Padre Brennan es una estupidez. Sin embargo, lo interesante es que, incluso cuando Thorn se da cuenta de que Damien es el anticristo, sigue negándose a aceptar a Cristo. La advertencia del Padre Brennan sigue siendo aplicable hoy día. ¿Ha aceptado usted a Cristo mientras aún tiene la oportunidad?

Las Escrituras enseñan que cuando aparezca el anticristo, la mayoría de seres humanos se negará a aceptar a Cristo. En lugar de eso optarán por seguir al impío. En 2 Tesalonicenses 2:8-12 leemos:

> Y entonces se manifestará aquel inicuo, a quien el Señor matará con el espíritu de su boca, y destruirá con el resplandor de

> su venida; inicuo cuyo advenimiento es por obra de Satanás, con gran poder y señales y prodigios mentirosos, y con todo engaño de iniquidad para los que se pierden, por cuanto no recibieron el amor de la verdad para ser salvos. Por esto Dios les envía un poder engañoso, para que crean la mentira, a fin de que sean condenados todos los que no creyeron a la verdad, sino que se complacieron en la injusticia.

Si usted aún no es cristiano, no se confíe en el hecho de que todavía tiene tiempo para esperar y recibir a Cristo más adelante. Nadie sabe cuándo le llegará la muerte, y sin duda no sabemos cuándo tendrá lugar el arrebatamiento. De modo que si está demorando la toma de una decisión, deje de hacerlo. ¡Acepte a Jesucristo como Salvador ahora mismo!

La Biblia nos dice que cuando Jesucristo murió en la cruz, obtuvo el perdón pleno por la maldición del pecado, el de usted y el mío. Ese perdón ya está comprado y pagado, y Dios se lo ofrece a todas las personas. Lo único que tenemos que hacer para que ese perdón sea eficaz en nuestras vidas es, sencillamente, recibirlo, aceptarlo. Juan 1:12 dice: "Mas a todos los que le recibieron, a los que creen en su nombre, les dio potestad de ser hechos hijos de Dios".

¿Por qué no hacerlo ahora?

Si usted ya conoce al Salvador, su reto consiste en vivir a la luz de lo que sabe. Aunque los últimos tiempos aún sean cosa del futuro, lo que hemos leído en este libro tiene aplicaciones prácticas para el día de hoy.

Primero, debemos evitar el intento de poner fecha a la venida del Señor, y también de identificar al anticristo. Tampoco debemos prestar atención a quienes afirman conocer estas cosas. Los tiempos están solamente en las manos de Dios, y Él ha optado por no revelar esta información a ninguno de los habitantes del mundo. Como dijo Jesús: "El cielo y la tierra pasarán, pero mis palabras no pasarán. Pero del día y la hora nadie sabe, ni aun los ángeles de los cielos, sino sólo mi Padre" (Mt. 24:35-36). Y después de que Jesús resucitara de entre los muertos, cuando los discípulos le preguntaron cuándo restauraría el reino a Israel, les dijo: "No os toca a vosotros saber los tiempos o las sazones, que el Padre puso en su sola potestad" (Hch. 1:7).

Segundo, el hecho de conocer al anticristo y el modo en que los acontecimientos de nuestro mundo actual preparan su llegada debería motivarnos a vivir cada día para Jesucristo y para los demás. No sabemos de cuánto tiempo disponemos hasta que Cristo se lleve a su iglesia, pero podría suceder en cualquier momento. Este es el mensaje del Nuevo Testamento. Y antes de que vuelva el anticristo, lo hará Cristo. Debemos estar "aguardando la esperanza bienaventurada" y vivir teniéndola a la vista (Tit. 2:13). Hemos de asegurarnos de vivir nuestras vidas de un modo que complazca al Señor, porque podría venir en cualquier momento. Mi amigo Randall Price lo expresa muy bien:

> ¿De qué sirve entender el sentido de las siete cabezas descritas en Apocalipsis 13:1 si no usamos nuestra propia cabeza? ¿O de qué aprovecha discernir el significado de los diez dedos de los pies en Daniel 2:42-44, 7:74, si no movemos los pies nosotros mismos? ¿Y de qué nos sirve nuestro conocimiento de la gran boca que habla mentiras (Dn. 7:8; Ap. 13:5) a menos que abramos la nuestra para decir la verdad? En toda generación en que se ha proclamado correctamente la profecía, los resultados han sido una cosecha de almas para la gloria de Dios.[6]

Tercero, en estos momentos de miedo cada vez mayor y de creciente incertidumbre, cuando las nubes de tormenta parecen acumularse en el horizonte, hemos de estar llenos de esperanza. Debemos ponernos el yelmo de la salvación (Ef. 6:17) y ser conscientes de que la única esperanza para este mundo, y la única para nosotros, es la venida de Jesucristo.

Kim Riddlebarger nos ofrece un consejo muy oportuno para nuestra época; ojalá nos lo tomemos en serio.

> En lugar de temer al anticristo y preocuparnos por los últimos acontecimientos en Oriente Medio, o por si el número 666 aparece en la etiqueta de un producto para el hogar, debemos anhelar la segunda venida de Jesucristo. Porque Satanás y sus secuaces ya han sido derrotados por la sangre y la justicia de Jesús, aunque por un poco de tiempo puedan campar a sus anchas por el mundo porque saben que su tiempo es breve. Por lo que respecta al destino de nuestro enemigo, Martín Lutero fue quien quizá lo expresó mejor: "Una breve palabra le derrotará". Amén. ¡Sí, ven pronto, Señor Jesús![7]

Notas

Parte 1: La curiosidad sobre el anticristo

1. "Scary' Harris poll: 24% of Republicans think Obama 'may be the Antichrist'", www.news.yahoo.com/s/dailybeast/20100323/ts.../7269_scarynewgoppoll.
2. Daniel B. Wallace, "Is Obama the Antichrist?" *The Christian Post*, 20 de agosto de 2009, www.christianpost.com/article/.../is-obama-the-antichrist/.
3. Daniel B. Wallace, "Is Obama the Antichrist?".
4. En http://answers.yahoo.com/question/index?qid=20090122184810AAkh6XI.
5. Mark Hosenball y Michael Isikoff, "Extremist Reaction," *Newsweek* (12 de abril de 2010), 14.
6. "The Dajjal: Islam's Antichrist," www.answeringislam.org/Authors/JR/.../ch08_the_dajjal.htm.
7. Denis the Carthusian, *Dialogue on the Catholic Faith* 6, en *Opera omnia*, vol. 18 (Tournai: s.p., 1899), 468.
8. H. L. Willmington, *The King Is Coming* (Wheaton, IL: Tyndale House, 1981), 81.
9. John MacArthur Jr., *Apocalipsis 12—22* (Grand Rapids, MI: Portavoz, 2005), 61.
10. Thomas Ice y Timothy Demy, *The Truth About the Antichrist and His Kingdom* (Eugene, OR: Harvest House, 1996), 40-41.

11. Gary DeMar, *End Times Fiction* (Nashville, TN: Thomas Nelson, 2001), 134-137.
12. *Didaché* 16.4. DeMar sostiene que los falsos mesías en Marcos 13:22 estuvieron presentes en los días previos a la destrucción del templo en el año 70 d. C., y que Nerón era la bestia de Apocalipsis 13. Pero la *Didaché*, escrita después del año 70, se refiere a un individuo futuro que cumplirá estas profecías.
13. Ireneo, *Contra las herejías* 5.28.2.
14. Ireneo, *Contra las herejías* 5.30.2.
15. Ireneo, *Contra las herejías* 5.25.3-4.
16. Hipólito, *Anticristo* 6. Cp. Bernard McGinn, *Antichrist: Two Thousand Years of Human Fascination with Evil* (San Francisco: HarperSanFrancisco, 1994), 61.
17. McGinn, *Antichrist: Two Thousand Years of Human Fascination with Evil* (San Francisco: HarperSanFrancisco, 1994), 61.
18. McGinn, *Antichrist: Two Thousand Years of Human Fascination with Evil*, 63.
19. Cirilo, *Lecturas catequéticas* 15.12-15.
20. Jerónimo, *Comentario de Daniel* 7:8; 11:39; 11:45. A diferencia de la mayoría de escritores antiguos, Jerónimo no respaldaba la idea de que el anticristo reconstruiría el templo de Jerusalén. También rechazaba vigorosamente cualquier idea de un reinado milenario literal de Cristo. Pero sí creía en un anticristo futuro y personal. Jerónimo creía que Daniel 7—11, 2 Tesalonicenses 2, Mateo 24, Apocalipsis 17 y Juan 5:43 se relacionaban con el anticristo futuro. Juan Crisóstomo rechazaba también la idea de un templo reconstruido, pero creía en un anticristo personal al final de los tiempos. *Homilía 3 sobre 2 Tesalonicenses.*
21. McGinn, *Antichrist: Two Thousand Years of Human Fascination with Evil*, 63.
22. Ibíd., 78.
23. Kim Riddlebarger, *The Man of Sin: Uncovering the Truth About the Antichrist* (Grand Rapids: Baker, 2006), 10.
24. Robert C. Fuller, *Naming the Antichrist: History of an American Obsession* (Nueva York: Oxford Press, 1995), 34-35.
25. G. Salmon, *An Historical Introduction to the Study of the Books of the New Testament*, 9ª ed. (Londres: John Murray, 1904), 230-231.

26. Hay al menos once opiniones distintas sobre la identidad del limitador de 2 Tesalonicenses 2: (1) el Imperio Romano; (2) el estado judío; (3) el apóstol Pablo; (4) la predicación del evangelio; (5) el gobierno humano; (6) Satanás; (7) Elías; (8) algún ser celestial desconocido; (9) el arcángel Miguel; (10) el Espíritu Santo; y (11) la iglesia.
27. Donald Grey Barnhouse, *Thessalonians: An Expositional Commentary* (Grand Rapids: Zondervan, 1977), 99-100.
28. Ed Hinson, *Is the Antichrist Alive and Well?* (Eugene, OR: Harvest House, 1998), 22.

Parte 2: El carácter del anticristo

1. Grant R. Jeffrey, *Prince of Darkness* (Toronto: Frontier Research Publications, 1994), 29.
2. Ibíd., 30.
3. A. W. Pink, *The Antichrist* [*El anticristo*] (Swengel, PA: Bible Truth Depot, 1923; reimpresión, Grand Rapids: Kregel, 1988), 62. Publicado en español por Portavoz.
4. J. Dwight Pentecost, *Will Man Survive?* (Grand Rapids: Zondervan, 1971), 93.
5. H. L. Willmington, *The King Is Coming*, ed. rev. (Wheaton, IL: Tyndale House, 1981), 66-67.
6. Hank Hanegraaff, “Who is the Antichrist?”, www.ptm.org/05PT/SepOct/antiChrist.pdf.
7. Gary DeMar, *End Times Fiction* (Nashville, TN: Thomas Nelson, 2001), 137.
8. DeMar, *End Times Fiction*, 140.
9. DeMar, *End Times Fiction*, 137.
10. El verbo “viene” en 1 Juan 2:18 es un presente futurista que “asume la venida futura del anticristo como algo tan seguro como lo es la realidad presente”. D. Edmond Hiebert, *The Epistles of John* (Greenville, SC: Bob Jones University Press, 1991), 109.
11. Aquí hay una lista breve de los especialistas que piensan que 1 Juan habla de un anticristo futuro y personal: F. F. Bruce, *The Epistles of John* (Grand Rapids: Eerdmans, 1992), 64-68; Martyn Lloyd-Jones, *Walking with God: Life in Christ*, vol. 2 (Wheaton,

IL: Crossway, 1993), 98-101; R. C. H. Lenski, *The Interpretation of the Epistles of St. Peter, St. John and St. Jude* (Minneapolis: Augsburg, 1966), 430-432; James Montgomery Boice, *The Epistles of John* (Grand Rapids: Zondervan, 1979), 84-86; Simon J. Kistemaker, *James and I–III John*, New Testament Commentary (Grand Rapids: Baker, 1986), 275-76; I. Howard Marshall, *The Epistles of John*, The New International Commentary on the New Testament, ed. gen. F. F. Bruce (Grand Rapids: Eerdmans, 1978), 148-151; John R. W. Stott, *The Letters of John*, ed. rev., Tyndale New Testament Commentaries (Grand Rapids: Eerdmans, 1994), 108-110; D. Edmond Hiebert, *The Epistles of John*, 106-109. El único estudioso evangélico respetado que encontré que no creía que 1 Juan 2:18 se refiera a la venida de un anticristo personal y futuro fue Brooke Foss Westcott, el cual escribió en el siglo XIX. Y Westscott dejó incluso la cuestión abierta. Dijo que el pasaje "no es concluyente sobre la enseñanza de san Juan por lo que respecta a la venida de un gran anticristo, de quien los demás fueron encarnaciones premonitorias". B. F. Westcott, *The Epistles of John* (Grand Rapids: Eerdmans, 1966), 70. Bernard McGinn, que no es cristiano evangélico, escribió una obra magistral sobre el tema del anticristo, y dice que el uso del singular para hablar de él en 1 Juan "posibilitó que muchos cristianos posteriores creyesen en muchos anticristos aparte del adversario final predicho en 2 Tesalonicenses y en Apocalipsis". Bernard McGinn, *Antichrist: Two Thousand Years of the Human Fascination with Evil* (San Francisco: HarperSanFrancisco, 1994), 56.

12. James Montgomery Boice, *The Epistles of John: An Expositional Commentary* (Grand Rapids: Zondervan, 1979), 86.
13. F. F. Bruce, *The Epistles of John* (reimpresión, Grand Rapids: Eerdmans, 1992), 65.
14. Kim Riddlebarger, *The Man of Sin: Uncovering the Truth about the Antichrist* (Grand Rapids: Baker, 2006), 13.
15. Ed Hindson, *Is the Antichrist Alive and Well?* (Eugene, OR: Harvest House, 1998), 19.
16. Pink, *The Antichrist*, 79.
17. John Phillips, *Exploring Revelation* (Neptune, NJ: Loizeaux Brothers, 1991), 166.
18. Pink, *The Antichrist*, 81.

19. Willmington, *The King Is Coming*, 95.
20. John Phillips, *Exploring the Future: A Comprehensive Guide to Bible Prophecy* (Grand Rapids: Kregel, 2003), 272.
21. Robert L. Thomas, *Revelation 1–7* (Chicago: Moody Press, 1992), 481.
22. Arnold G. Fruchtenbaum, *The Footsteps of the Messiah*, ed. rev. (Tustin, CA: Ariel Ministries, 2003), 211.
23. Fruchtenbaum, *The Footsteps of the Messiah*, 211.
24. Lehman Strauss, *The Book of the Revelation* (Neptune, NJ: Loizeaux Brothers, 1964), 249.
25. Strauss, *The Book of the Revelation*, 249.
26. Pink, *The Antichrist*, 60-61.
27. Gary DeMar acusa a quienes creen en un anticristo individual y futuro de amalgamar diversos personajes "para construir un anticristo". Gary DeMar, *End Times Fiction* (Nashville, TN: Thomas Nelson, 2001), 135-136. Lo que ignora DeMar es que la mayoría de eruditos, incluso quienes discreparían de muchos aspectos de la visión general de los últimos tiempos expuesta en este libro, está de acuerdo en que todos esos pasajes y títulos hacen referencia al anticristo. Por ejemplo, D. Martyn Lloyd-Jones dijo: "Está muy claro que diversos escritores, en distintos lugares, se han interesado precisamente por lo mismo. 2 Tesalonicenses 2, de nuevo, es una descripción evidente de la misma persona, el mismo poder y las mismas circunstancias. Luego, en Daniel 7—11, encontramos descripciones claras del mismo tema, y por supuesto existe otro pasaje clásico en Apocalipsis donde se nos presentan las dos bestias, la que sale del mar y la que surge de la tierra. Está claro que son referencias a un mismo poder". D. Martyn Lloyd-Jones, *Walking with God* (Wheaton, IL: Crossway, 1993), 98. A. W. Pink comenta: "En lugar de atribuir estos nombres a personas diferentes, debemos entender que denominan al mismo individuo pero en relaciones distintas, o que nos ofrecen diversas fases de su carácter" (*The Antichrist*, 61). Los futuristas no hemos creado un anticristo; simplemente hemos reunido todos los pasajes relevantes sobre su persona.
28. Joel Richardson, *Antichrist: Islam's Awaited Messiah* (Enumclaw, WA: Pleasant Word, 2006), 52-70.

29. Richardson, *Antichrist: Islam's Awaited Messiah*, 67-68.
30. David R. Reagan, "The Antichrist: Will He Be a Muslim?", www.prophezine.com/... /TheAntichristWillhebeaMuslim/... / Default.aspx.
31. Richardson, *Antichrist: Islam's Awaited Messiah*, 198.
32. Richardson, *Antichrist: Islam's Awaited Messiah*, 101-102. Uno de los argumentos de Richardson se fundamenta en Ezequiel 38:17, que dice: "Así ha dicho Jehová el Señor: ¿No eres tú aquel de quien hablé yo en tiempos pasados por mis siervos los profetas de Israel, los cuales profetizaron en aquellos tiempos que yo te había de traer sobre ellos?". Su argumento sigue esta línea: "Por tanto, debemos plantearnos la pregunta de que, si los profetas anteriores a Ezequiel hablaron de Gog y Magog, ¿dónde se encuentran esas referencias? Nos costará mucho encontrar alguna de ellas a menos que forcemos gravemente las Escrituras. Pero si adoptamos la postura de que Gog es el anticristo, es mucho más fácil encontrar numerosos pasajes sobre el anticristo y su ejército invasor en los textos de los profetas" (102). No creo que sea necesario forzar las Escrituras para encontrar referencias a una gran invasión de Israel desde el norte. Daniel 11:40 se refiere al "rey del norte", al que yo identifico con Gog. Daniel 11 fue escrito después que el libro de Ezequiel, pero Daniel fue contemporáneo de Ezequiel durante la cautividad en Babilonia. El "ejército del norte" en Joel 2:20 podría ser también una referencia a esa invasión. Quizás Ezequiel 38:17 no se refiera a una profecía anterior concreta. Charles Feinberg dijo: "Es posible que no exista una referencia directa a un grupo concreto de profecías, sino a un concepto general que se extiende por ellas. Los profetas anteriores, al hablar de los tiempos escatológicos, predijeron sucesos catastróficos y el juicio divino sobre los enemigos de Israel, aunque en esas profecías no apareció el nombre concreto de Gog". Charles Lee Feinberg, *The Prophecy of Ezequiel: The Glory of the Lord* (Chicago: Moody Press, 1969), 225. No creo que Ezequiel 38:17 sea un gran obstáculo para mi punto de vista, por mucho que diga Richardson.
33. DeMar, *End Times Fiction*, 142-145; Kenneth Gentry, *The Beast of Revelation* (Tyler, TX: Institute for Christian Economics, 1989).

34. Riddlebarger, *The Man of Sin: Uncovering the Truth about the Antichrist*, 11.
35. Kenneth Gentry, *The Beast of Revelation* (Tyler, TX: Institute for Christian Economics, 1989), 35. O. Ruhle dice que la variante 616 fue un intento de vincular a Cayo César (Calígula) con la bestia que sale del mar en Apocalipsis 13. El valor numérico de este nombre en griego es 616. Gerhard Kittel, ed., *The Theological Dictionary of the New Testament*, trad. Geoffrey W. Bromiley, vol. 1 (Grand Rapids: Eerdmans, 1964), 462-463.
36. Gentry, *The Beast of Revelation*, 53-54.
37. Para un análisis a fondo de la fecha en la que se escribió Apocalipsis, véase Mark Hitchcock, "The Stake in the Heart: The A.D. 95 Date of Revelation", en *The End Times Controversy* (Eugene, OR: Harvest House, 2003), 123-150.
38. Robert L. Thomas, *Revelation 8–22: An Exegetical Commentary* (Chicago: Moody Press, 1995), 179-180.
39. Muchos preteristas creen que un hombre llamado Gessius Florus, procurador romano o gobernador de Judea bajo Nerón, fue el falso profeta al que se refiere Apocalipsis 13:11-18. J. Stuart Russell, *The Parousia: The New Testament Doctrine of Our Lord's Second Coming*, nueva ed. (Londres: T. Fisher Unwin, 1887; reimpresión, Grand Rapids: Baker, 1999), 465-469; Kenneth L. Gentry Jr., *He Shall Have Dominion: A Postmillenial Eschatology* (Tyler, TX: Institute for Christian Economics, 1992), 410. Sin embargo, ni Russell ni Gentry ofrecen evidencias históricas de que Gessius Florus realizara grandes prodigios y señales, que levantase una imagen de Nerón, que la hiciera hablar, que obligara al populacho a llevar la marca de la bestia o que ejecutara a quienes se negaran a ponérsela. Además, Josefo, el historiador judío, menciona a Gessius Florus en sus escritos, pero nunca describe ninguna de sus actividades que se correspondan ni remotamente con las profecías de Apocalipsis 13:11-18. Si Florus realizó grandes prodigios y señales, o hizo algunas de las otras cosas profetizadas en Apocalipsis 13, es inexplicable que Josefo no mencionara esos hechos asombrosos. La incapacidad de nombrar a un personaje histórico que hiciera el papel y las actividades del falso profeta en la época de Nerón es un obstáculo tremendo para el punto de vista preterista sobre la bestia.

40. David E. Aune, *Revelation 6–16*, Word Biblical Commentary, ed. gen. Bruce M. Metzger, vol. 52B (Nashville, TN: Thomas Nelson, 1998), 771.
41. Para una refutación completa de la idea de que Nerón es la bestia de Apocalipsis 13, ver Andy Woods, "Revelation 13 and the First Beast", en *The End Times Controversy* (Eugene, OR: Harvest House, 2003), 237-250.
42. Ireneo, que escribió en el siglo II, sugirió tres nombres para el total 666: Evanthas, Lateinos y Teitan (*Contra las herejías* 5.30.3), pero nunca mencionó a Nerón.
43. Simon J. Kistemaker, *Exposition of the Book of Revelation*, New Testament Commentary (Grand Rapids: Baker, 2001), 395.
44. Thomas, *Revelation 8–22: An Exegetical Commentary*, 185.
45. William F. Arndt y F. W. Gingrich, *A Greek-English Lexicon of the New Testament* (Chicago: University of Chicago Press, 1957), 876.
46. Thomas, *Revelation 8–22: An Exegetical Commentary*, 181.
47. Henry Morris, *Revelation Record* (Wheaton, IL: Tyndale, 1983), 252.
48. Hal Harless, "666: The Beast and His Mark in Revelation 13", *The Conservative Theological Journal* (diciembre de 2003): 342-346.
49. Morris, *Revelation Record*, 255.
50. Fruchtenbaum, *The Footsteps of the Messiah*, ed. rev., 255.
51. Ibíd.
52. John F. Walvoord, *The Prophecy Knowledge Handbook* (Wheaton, IL: SP Publications, 1990), 587.
53. M. R. DeHaan, *Studies in Revelation* (Grand Rapids: Zondervan, 1946; reimpresión, Grand Rapids: Kregel, 1998), 189.
54. Morris, *Revelation Record*, 256.
55. Ibíd.
56. El término usado para el sello de Dios sobre las frentes de los santos en Apocalipsis 7:3 es la palabra griega *sphragizo*, que se usa para hablar del sello invisible del Espíritu Santo en el Nuevo Testamento (2 Co. 1:22; Ef. 1:13; 4:30). Por otra parte, la palabra usada para "marca" (*charagma*) se refiere a una marca visible, una impresión o un grabado. Por consiguiente, mientras que la

marca de Dios sobre sus santos será invisible, la de la bestia no lo será.

57. Steven Levy, "Playing the ID Card", *Newsweek* (13 de mayo de 2002), 44-46.

Parte 3: La venida del anticristo

1. Charles H. Dyer, *World News and Bible Prophecy* (Wheaton, IL: Tyndale, 1995), 214.
2. W. A. Criswell, *Expository Sermons on Revelation* (Grand Rapids: Zondervan, 1969), 107-108.
3. John MacArthur Jr., *Apocalipsis 12—22* (Grand Rapids: Portavoz, 2005), 46.
4. Randall Price, "The Divine Preservation of the Jewish People", World of the Bible Ministry Update, 1 de octubre de 2009, http://www.worldofthebible.com/update.htm.
5. Price, "The Divine Preservation of the Jewish People".
6. Thomas Ice y Timothy Demy, *The Truth About the Signs of the Times* (Eugene, OR: Harvest House, 1997), 37.
7. Randall Price, *The Coming Last Days Temple* (Eugene, OR: Harvest House, 1999), 592.
8. Thomas Ice y Timothy Demy, *Prophecy Watch* (Eugene, OR: Harvest House, 1998), 150.
9. John F. Walvoord, *Major Bible Prophecies: 37 Crucial Prophecies That Affect You Today* (Grand Rapids: Zondervan, 1993), 319.
10. David Jeremiah, *What in the World Is Going On?* (Nashville: Thomas Nelson, 2008), 141-142.

Parte 4: La carrera del anticristo

1. Tim LaHaye y Jerry B. Jenkins, *Dejados atrás* (Miami, FL: Editorial Unilit, 1997), 259, trad. Nellyda Pablovsky.
2. Henry Morris, *Revelation Record* (Wheaton, IL: Tyndale, 1983), 323.
3. Morris, *Revelation Record*, 348-349.
4. John Phillips, *Exploring Revelation* (Neptune, NJ: Loizeaux Brothers, 1991), 167.
5. Warren Wiersbe, *The Bible Exposition Commentary*, New Testament, vol. 2 (Wheaton, IL: Victor Books, 1989), 605.

6. J. Vernon McGee, *Thru the Bible*, vol. 5 (Nashville: Thomas Nelson Publishers, 1983), 1000. Algunos se oponen a este punto de vista esforzada y estridentemente. El apologista Hank Hanegraaff considera que la muerte y la resurrección reales del anticristo son ridículas. Dice: "Si el anticristo pudiera resucitar de los muertos y controlar la tierra y el cielo… el cristianismo perdería su fundamento para creer que la resurrección de Cristo justifica su reclamación de la deidad. Dentro de la visión cristiana del mundo, Satanás puede parodiar la obra de Cristo 'con gran poder y señales y prodigios mentirosos' (2 Ts. 2:9), pero no puede realizar auténticos milagros como hizo Cristo. Si Satanás poseyera el poder creativo de Dios, se podría haber disfrazado de Cristo resucitado. Además, el concepto de que Satanás pueda realizar actos que son indistinguibles de los milagros genuinos sugiere un paradigma dualista del mundo, en el que Dios y Satanás son dos potencias iguales que luchan por la supremacía". Hank Hanegraaff, *The Apocalypse Code: Find Out What the Bible Really Says About the End Times and Why It Matters Today* (Nashville: Thomas Nelson, 2007), xix-xx. Hanegraaff afirma además: "Lo que está en juego es nada menos que la deidad y la resurrección de Cristo. Dentro del paradigma cristiano del mundo, solo Dios tiene poder para resucitar a los muertos". Hank Hanegraaff y Sigmund Brouwer, *The Last Disciple* (Wheaton, IL: Tyndale, 2004), 394.
7. William F. Arndt y F. W. Gingrich, *A Greek-English Lexicon of the New Testament* (Chicago: University of Chicago Press, 1957), 55.
8. George Abbott-Smith, *A Manual Greek Lexicon of the New Testament*, 3ª ed. (Edimburgo: T. & T. Clark, 1937), 443.
9. Joseph Henry Thayer, *A Greek-English Lexicon of the New Testament* (Nueva York: American Book Company, 1889), 620.
10. Gregory H. Harris, "Satan's Deceptive Miracles in the Tribulation", *Bibliotheca Sacra* (julio-septiembre de 1999): 310.
11. Harris. "Satan's Deceptive Miracles in the Tribulation", 310.
12. Philip Edgcumbe Hughes, *A Commentary on the Epistle to the Hebrews* (Grand Rapids: Eerdmans, 1977), 80-81.
13. Harris, "Satan's Deceptive Miracles in the Tribulation", 311.
14. Ibíd.
15. Ibíd.

16. Warren Wiersbe, *The Bible Exposition Commentary*, New Testament, vol. 2 (Wheaton, IL: Victor Books, 1989), 605.
17. Gregory H. Harris, "The Wound of the Beast in the Tribulation", *Bibliotheca Sacra* (octubre-diciembre de 1999): 466.
18. Charles C. Ryrie, *Revelation*, Everyman's Bible Commentary (Chicago: Moody Press, 1968), 83.
19. Harris, "The Wound of the Beast in the Tribulation", 467.
20. J. B. Smith, *A Revelation of Jesus Christ: A Commentary on the Book of Revelation* (Scottsdale, PA: Herald Press, 1961), 467.
21. Harris, "The Wound of the Beast in the Tribulation", 467.
22. John Phillips, *Exploring Revelation* (Neptune, NJ: Loizeaux Brothers, 1991), 119.
23. Harris, "The Wound of the Beast in the Tribulation", 469.
24. Smith, *A Revelation of Jesus Christ: A Commentary on the Book of Revelation*, 195-196.
25. Donald Grey Barnhouse, *Revelation: An Expository Commentary* (Grand Rapids: Zondervan, 1971), 240.
26. Thomas Ice y Timothy Demy, *Fast Facts on Bible Prophecy* (Eugene, OR: Harvest House, 1997), 78-79.
27. Phillips, *Exploring Revelation*, 171.
28. Ice y Demy, *Fast Facts on Bible Prophecy*, 78-79.
29. Arnold G. Fruchtenbaum, *The Footsteps of the Messiah*, ed. rev. (Tustin, CA: Ariel Ministries, 2003), 257.
30. Fruchtenbaum, *The Footsteps of the Messiah*, 256-260.
31. Wiersbe, *The Bible Exposition Commentary*, 606.
32. Daniel 12:11 dice que la abominación desoladora se alzará en el lugar Santo durante 1290 días. Esos son los tres últimos años y medio de la tribulación (1260 días), más 30 días adicionales. ¿Por qué añadir 30 días más? Cuando Jesús regrese en su segunda venida el anticristo será destruido, pero es evidente que la imagen seguirá en el templo otros 30 días, y luego será quitada y destruida.
33. Arthur E. Bloomfield, *How to Recognize the Antichrist: What Bible Prophecy Says About the Great Deceiver* (Minneapolis, MN: Bethany House, 1975), 129-30.
34. Bloomfield, *How to Recognize the Antichrist: What Bible Prophecy Says About the Great Deceiver*, 131-132.

35. Ray C. Stedman, *God's Final Word: Understanding Revelation* (Grand Rapids: Discovery House, 1991), 220.
36. Phillips, *Exploring Revelation*, 150.
37. Tim LaHaye, *Revelation Unveiled* [*Apocalipsis sin velo*] (Grand Rapids: Zondervan, 1999), 188. Publicado en español por Vida.
38. Kim Riddlebarger, *The Man of Sin: Uncovering the Truth about the Antichrist* (Grand Rapids: Baker, 2006), 45.
39. Ibíd.
40. Phillips, *Exploring Revelation*, 163.

Parte 5: La consumación del anticristo

1. *Bible Prophecy Basics: The Rise of Antichrist*, en www.angelfire.com/realm/ofstardust/RISE_AC.html.
2. Paul Johnson, "A World in Search of Leaders", *Forbes* (24 de noviembre de 2008), 29.
3. *The Daily Oklahoman* (12 de abril de 2002), 2B.
4. Ed Hindson, *Is the Antichrist Alive and Well?* (Eugene, OR: Harvest House, 1998), 8.
5. Gary Frazier, *Signs of the Coming Christ* (Arlington, TX: Discovery Ministries, 1998), 149.
6. Randall Price, *Jerusalem in Prophecy* (Eugene, OR: Harvest House, 1998), 50.
7. Kim Riddlebarger, *The Man of Sin: Uncovering the Truth about the Antichrist* (Grand Rapids: Baker, 2006), 178.

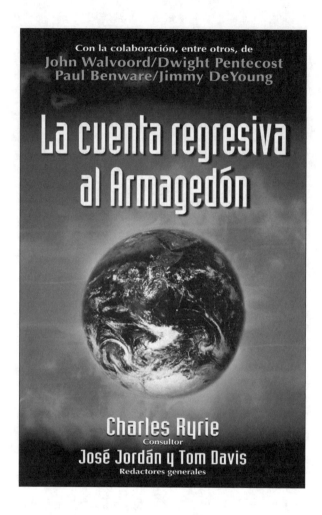

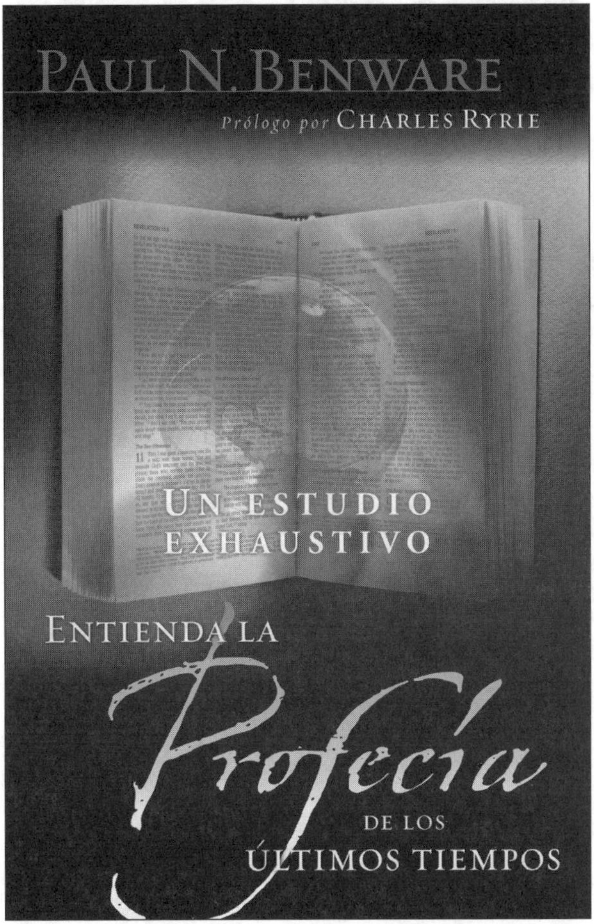
PAUL N. BENWARE
Prólogo por CHARLES RYRIE
UN ESTUDIO EXHAUSTIVO
ENTIENDA LA
Profecía
DE LOS
ÚLTIMOS TIEMPOS

ISBN: 978-0-8254-1107-6